WIE MAN EIN
WAHRER
CHANNEL WIRD
SSE
J. DONALD WALTERS

1. Auflage 2003
ISBN 3-901 975-21-7

Verlag: SSE
SOLARIS Spirituelle Edition • eine Division der LAST & CO
A-1100 Wien • Ober-Laaer Straße 78
Tel +43-1-689 75 66 • Fax +43-1-689 75 66-29
http://www.telecom.at/solaris
e-mail: solaris@telecom.at

Originaltitel: „How To Be A True Channel" by J. Donald Walters, Erschienen bei Crystal Clarity Publishers, c/o Ananda Europa, Cassella Postale # 48, 1-06088 Santa Maria degli Angeli, Assisi (PG) Italy. Phone # +39-0742-813-620, Email: sangha@ananda.it, © Hansa Trust

Layout, Grafik, Satz: M. Hartner
Herstellung: Books on Demand GmbH
Printed in Germany

Inhaltsverzeichnis

Das Buch

Dieses Buch ist ein praktischer und klar verständlicher Beitrag zu Ursprung und Nutzen höherer Inspiration. Es wendet sich gegen viele Mißverständnisse, mit denen dem Channeling begegnet wird, und stellt ein Konzept vor, das jedem an höherer Inspiration Interessierten dienlich ist und ihn vor „Irrtümern" schützen kann. Es enthält einfache Techniken und Anweisungen, die zum Ausüben des Channeling unentbehrlich sind, und erläutert, dass die höchste Form dieses Weges zur höheren Inspiration in den Leben der grossen Heiligen zum Ausdruck kommt.

Der Autor

J. Donald Walters (Kriyananda) ist ein Schüler von Paramhansa Yogananda, mit dem er einige Jahre zusammenlebte. Die Hinweise seines Lehrers zum Channeling und seine eigenen Erfahrungen hat er in diesem Buch zusammengefasst. Er selbst lebt nach den empfohlenen Techniken und hat die auf diese Weise empfangenen Inspirationen in Form von Büchern und Musik veröffentlicht. Neben einer weiteren Tätigkeit als Vortragsredner zu Themen der spirituellen Entwicklung ist er Gründer und Leiter einer spirituellen Lebensgemeinschaft am Fusse der Sierra Nevada in Kalifornien.

Möge dieses Buch als Kanal für Deine Wahrheit dienen. Amen.

SSE-Verlag, Wien, Austria, 2003

Kapitel 1

Begegnung mit einem der bedeutendsten Channel der Neuzeit

Ein günstiges Schicksal gab mir Gelegenheit, dreieinhalb Jahre mit einem der bedeutendsten Channel der Neuzeit zu verbringen. Nur wenige wussten, dass er ein Channel war. Vielleicht lag das daran, dass er sich nicht erst in Bewusstlosigkeit oder irgendeinen anderen abstrakten Geisteszustand versetzen musste, um das, was durch ihn kam, weiterzuvermitteln. Er stimmte sich einfach ein und bekam jederzeit Antwort.

Seine Antworten trafen ausnahmslos zu. Die Leute konnten etwas damit anfangen. Seine Ratschläge waren voll tiefer, intuitiver Einsicht in Probleme, Motive und geheime Gedanken anderer Menschen. Manches kam da ans Licht, was die Menschen so gut im hintersten Winkel verstaut hatten, dass sie schon meinten, niemand würde jemals mehr daran rühren.

Er sah Dinge in der Vergangenheit anderer Menschen, die sie selbst vollkommen vergessen hatten. Er sah weit zurück in die Vergangenheit, jenseits der Pforten zu diesem Leben, und half damit den Menschen, Probleme in ihrem gegenwärtigen Leben besser zu verstehen, denen sie bis dahin hilflos, konfus oder verärgert gegenübergestanden hatten.

Auch in die Zukunft anderer Menschen konnte er sehen. Oft glaubten die Menschen nicht an seine Vorhersagen, doch sie trafen ausnahmslos ein.

Er sprach über zahllose Mysterien des Universums, erklärte, wie und warum es geschaffen wurde. Was er sagte, war kein Bücherwissen, sondern stammte aus persönlicher, visionärer Erfahrung. Er sprach uns vom Leben auf anderen Planeten und prophezeite eine Zeit interstellaren Reiseverkehrs. Nach seinen Aussagen ist es schon jetzt möglich, von Stern zu Stern zu reisen, auch wenn es nach den bekannten Gesetzen der modernen Physik unmöglich erscheint.

Er beschrieb – wieder aus direkter Erfahrung – Wirklichkeitsebenen, die viel zu fein sind, um von den physischen Sinnen des Menschen wahrgenommen zu werden.

Er sprach von den verschiedenen Kulturepochen auf der Erde und davon, was es für die Menschheit bedeutet, dass sie nunmehr in ein Neues Zeitalter eingetreten ist.

Staunend lauschten wir, während er uns eine göttliche Schöpfung enthüllte, so wunderbar, so unendlich gewaltig und komplex, so inspirierend in ihrer Schönheit und Erhabenheit, dass wohl alle Bücher dieser Welt nicht dem gleichkommen könnten, was wir darüber von ihm persönlich hörten.

Und doch war kaum bekannt, dass er ein Channel war. Er konnte Menschen in der Astralwelt sehen, sich mit ihnen unterhalten, von ihnen Botschaften empfangen. Er konnte sich auf hohe Seelen einstimmen und sie durch sich sprechen lassen. An allem, was er uns sagte und was wir aus eigener Erfahrung spürten, erkannten wir, dass Gott selbst seine Stimme benutzte, um uns Lehre und Führung zu gewähren.

Und dabei verlief sein Channeling ganz ohne beeindruckende Zeremonien oder umheimliches Drumherum. Da war nichts, das uns mit der Nase darauf gestossen hätte, dass wir einer seltenen Segnung zuteil wurden oder sozusagen Logenplätze bei einem besonderen und außergewöhnlichen Ereignis innehatten. So natürlich verhielt er sich bei allem, was er sagte, so selbstverständlich, dass nicht selten seine verblüffendsten Aussagen unbemerkt blieben, bis man sich ihrer später mit Staunen und Scheu erinnerte.

Er brauchte zum Channeln keine speziellen Bedingungen, keine besonderen Räumlichkeiten. Ich habe nie erlebt, dass er sich hingelegt hätte, um die Augen zu schliessen und seinen Geist und Körper einer anderen Wesenheit als Werkzeug anzubieten, während ihm selbst von dem, was durch ihn gechannelt wurde, nichts zu Bewusstsein kam. Channeling war für ihn so mühelos wie die Atmung.

Auch verwandelte er sich nicht in eine andere Persönlichkeit oder gar eine Reihe verschiedener Persönlichkeiten. Normalerweise – bis auf einige seltene Ausnahmen – blieb seine Stimme während des Channelns vollkommen unverändert. Niemals klang es, als ob da jemand aus grosser Ferne zu uns spräche, oder jemand, der der menschlichen Gesellschaft entwöhnt war und schwerfällig mit der Grammatik der menschlichen Sprache kämpfen musste.

Außerdem klang das, was er channelte, niemals herablassend. Ich habe von ihm nie Formulierungen gehört wie „ihr Menschen der Erde“ oder „wie ihr es in eurem Sprachgebrauch ausdrücken würdet“, mit denen er sich geistig von den übrigen Menschen distanziert hätte.

Andererseits wurde alles, was durch ihn kam, mit Würde gesprochen, denn auch er war ein würdevoller Mann. Er unternahm keinerlei anbiedernde Versuche, sich auf unser Niveau zu begeben, um eine kommunikative Verbindung mit uns herzustellen.

Das Wichtigste aber war, dass er niemals eine Situation schuf, in der wir zu ihm gehen mussten, um Erkenntnisse über uns zu gewinnen. Immer wieder drängte er uns, nach innen zu gehen und die Antworten, die wir suchten, in unserer eigenen inneren Stille zu finden – selbst Channels zu werden, anstatt eine äussere Abhängigkeit zu einer anderen Person einzugehen.

Dieser Mann war ein Heiliger. Er war ein Meister, in der Tat, denn er hatte Gott erkannt. Sein Channeling war Ergebnis seiner ständigen inneren Kommunion mit Gott, ganz wie bei anderen grossen Heiligen, die wie er ihr Bewusstsein mit Gott verschmolzen hatten.

Der Name dieses Mannes war Paramhansa Yogananda. Yogananda ist spirituellen Suchern in aller Welt, auch hinter dem ehemaligen eisernen Vorhang, als grosser Meister bekannt. Andere Heilige und anerkannte spirituelle Führer in vielen Ländern verehren ihn in tiefster Achtung, Liebe und Bewunderung.

Ich wurde 1948 sein Schüler und lebte bei ihm bis zu seinem Hinscheiden 1952. Seit seinem Fortgehen bin ich im Geiste bei ihm geblieben und war weiter sein Schüler. Ich habe in vielen Ländern gelehrt und viele Bücher geschrieben, um seine Mission auf dieser Erde zu unterstützen. Und ich kann ohne Zögern sagen, dass seine Gegenwart mich in all diesen Jahren weiter innerlich geleitet, gelehrt und inspiriert hat.

Ich schreibe dieses Büchlein, damit die Menschen besser verstehen, was Channeling bedeutet. Zur Zeit herrscht zu diesem Thema einige Verwirrung. Manche Leute denken anscheinend, jeder, der sich hinsetzt, die Augen zumacht und ohne bewusste Kontrolle Worte aus sich herausströmen lässt, sei ein Channel für eine höhere Macht und müsste in der Lage sein, ihnen eine ganz persönliche Botschaft von dieser höheren Macht zu übermitteln.

Aber ich habe auch erlebt, wie Menschen durch derartige persönliche Botschaften verletzt und verwirrt wurden. Man hat sie in grundlegenden Angelegenheiten in die Irre geführt, etwa wenn sie fragten, was sie mit ihrem Leben anfangen sollten oder welchen Weg sie in einer für sie wichtigen Sache einschlagen sollten.

Ich habe erlebt, wie man sie ermutigte, ein Talent weiterzuentwickeln, das sie niemals besaßen, oder ihnen von Aktivitäten abriet, die ihrer spirituellen Entwicklung dienlich gewesen wären.

Ich habe erlebt, wie man den Menschen Balsam für ihr Ego austeilte, indem man ihnen zum Beispiel versicherte, vor ihnen läge eine glorreiche Zukunft oder sie hätten in der Vergangenheit ein ebenfalls glorreiches Leben geführt, vielleicht gar als bekannte historische Persönlichkeit.

Doch nur selten, wenn überhaupt einmal, habe ich erlebt, wie sie die Disziplin empfangen hätten, die sie für ihr gegenwärtiges spirituelles Wohlergehen brauchten. Im allgemeinen wurden sie be-handelt, als seien selbst ihre trivialsten Fragen und von spiritueller Unreife zeugenden Wahrnehmungen und Einstellungen für die hohe Wesenheit, deren Worte da gechannelt wurden, ebenso ernst zunehmen und bedenkenswert, wie wirklich wichtige Fragen zum spirituellen Leben der Menschen.

Am schlimmsten aber ist es, dass die Menschen oft in eine Abhängigkeit zu solchen Channels geraten und sich daran gewöhnen, die Antworten auf ihre Fragen in der Aussenwelt zu suchen anstatt innerlich unabhängig zu werden und die Wahrheit in der inneren Stille zu suchen, wie es alle grossen Meister empfohlen haben.

Die schönsten Wahrheiten, die auf diese Weise empfangen werden, sind letztlich doch nur Wahrheiten aus zweiter Hand und berühren nur den Geist. Deshalb haben sich alle grossen Meister, die sich von Gott geleitet fühlten, der Menschheit zu helfen, hier auf der Erde in menschlicher Form inkarniert, damit sie nicht nur den Geist der Menschen, sondern auch ihre Herzen und Seelen berühren können.

Kapitel 2

Die Stufen der Schöpfung

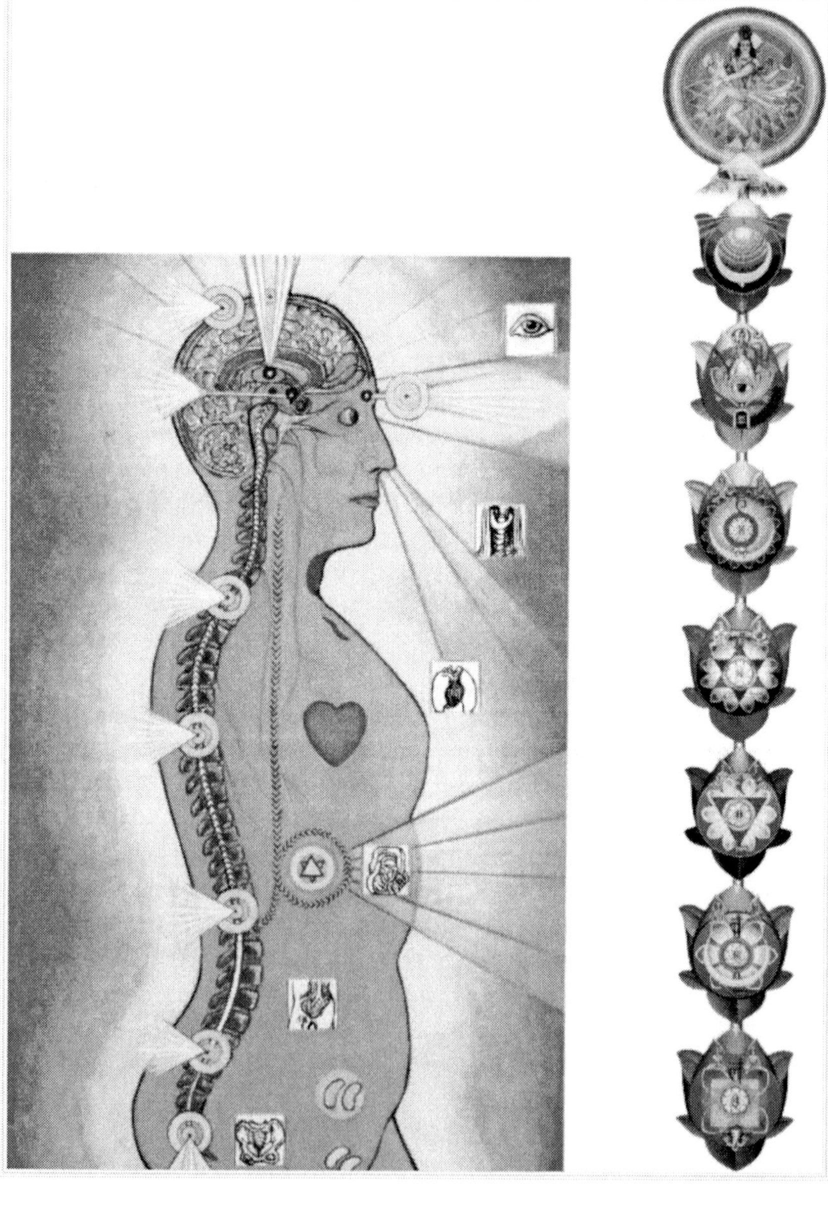

Paramhansa Yogananda erklärte, dass die Astralwelt hinter bzw. auf einer feineren Manifestationsebene existiert als die dichteren Atome des physischen Universums.

Nach seinen Worten gibt es in der Schöpfung drei wesentliche Stufen der Manifestation. Als Gott sein Bewusstsein zur Schöpfung einsetzte, offenbarte er sich zunächst in Form reiner Gedanken. Diese Ebene der Schöpfung verglich Yogananda mit der Blaupause eines Architekten, die ja eine entscheidende Voraussetzung dafür ist, dass ein Gebäude schliesslich gebaut werden kann. Diese Stufe der göttlichen Manifestation ist unter grossen Meistern als das kausale oder ideationale Universum bekannt.

Als Gott mit der Blaupause, die er erschaffen hatte, zufrieden war, versetzte er die Gedanken, aus denen sie bestand, in dichtere Schwingungen, so dass sie die Form von Licht und Energie annahmen. Diese Ebene der Manifestation verglich Yogananda mit dem Zeitraum, in dem ein Gebäude sich im Bau befindet. In dieser Phase des Baus befindet sich die Schöpferkraft noch in einem relativ flüssigen Zustand. Hier kann man noch Veränderungen durchführen oder neue Ideen einbringen, ohne das Projekt zu gefährden.

Dieses Universum von Licht und Energie, welches die zweite Stufe der göttlichen Manifestation ist, wird von grossen Meistern „Astralwelt" genannt. Oder auch „astrales Universum", ein Begriff, der seine ganze Unermesslichkeit besser beschreibt.

Die dritte und letzte wesentliche Stufe der göttlichen Manifestation ist das physische Universum, in dem wir leben. Nach Yoganandas Analogien wäre die Materie das vollendete Gebäude.

Unser physisches Universum macht aus seiner Abstammung von feinstofflicheren Ebenen der Manifestation kein Geheimnis. Anfangs bildeten die Atome nur gasförmige Wolken im Raum. Schliesslich vereinten sich die zunächst verstreuten Atome und bildeten Sterne. Dann verdichtete sich die feurige Materie, aus der die Sterne bestehen, weiter, so dass hier und da Planeten entstanden. Und die Planeten schliesslich kühlten nach und nach aus ihrem ursprünglich geschmolzenen Zustand ab und wurden fest wie unsere Erde.

Je mehr eine materielle Substanz abkühlt, desto stärker tritt ihre physische Substanz hervor. Wasser gefriert. Gase werden flüssig. Die „gefrorenen" Atome, aus denen die Planeten bestehen, verbinden sich miteinander zu einzelnen fest erscheinenden physischen Objekten: Felsen, Bergen und Kontinenten. Ein hölzerner Stuhl erscheint uns hart, wenn wir darauf sitzen. Der Baum, aus dem er gemacht wurde, erscheint nicht nur fest, sondern schwer genug, um uns mit seinem Gewicht zu zerquetschen, wenn er auf uns fällt. Auch unsere physischen Körper erscheinen uns fest und schwer. So gefangen sind wir in der scheinbaren Wirklichkeit der materiellen Welt, dass selbst unsere Gedanken uns oft schwer vorkommen. Und unsere Energie, die uns eigentlich erheben sollte, scheint oft niedergedrückt unter Erschöpfung und Mattigkeit.

In Wirklichkeit aber sind die Atome, aus denen das physische Universum besteht, nicht substantiell und befinden sich in einem ständigen Schwingungszustand. Die Materie, aus denen unsere physischen Körper bestehen, kann nach Aussagen von Astronomen durchaus einst Teil anderer Universen gewesen sein oder auch Teil anderer lebender Körper in Universen, die früher existiert haben als das Universum, in dem wir jetzt leben.

Und mehr noch: Unsere Physiker sagen, dass die materiellen Atome eigentlich nur Manifestationen von Energie sind. Es wäre sogar – zumindest theoretisch – durchaus machbar, so sagen sie, die Atome aus ihrer Manifestation als Brotlaib wegzunehmen und sie in Form einer Orange oder einer Goldmünze neu zu manifestieren. Wir sehen, dass die Physik in diesem neuen Zeitalter bereits den Saum von Wirklichkeiten berührt, die feiner sind als die materiellen. Die astrale Welt erscheint uns wirklicher, als sie das vor einem Jahrhundert hätte können. Und die Behauptungen der alten Alchimisten erscheinen plötzlich doch nicht mehr so weit hergeholt.

Es gibt eine Geschichte über einen Heiligen, der in Indien lebt und Geld manifestiert, um anderen Menschen zu helfen. Als die Behörden davon Wind bekamen, schöpften sie Verdacht und schickten zwei Polizisten, die der Sache nachgehen sollten.

„Wo hast du die Notenpresse?" fragten sie barsch. „Kommt mit", sagte der Heilige gelassen und unbeeindruckt. Dann führte er sie zu einem grossen See und zeigte hinab in dessen Tiefen.

„Du meinst, wir sollen dir glauben, dass du da unten im Wasser eine Notenpresse hast?" brüllten sie. „Willst du uns auf den Arm nehmen?"

„Seht, ich zeige es euch", sagte der Heilige. Dann sprang er in den See und tauchte wenige Augenblicke später lächelnd wieder auf, die Hände voller Banknoten.

Die Behörde hatte ganz offensichtlich den Kürzeren gezogen und wusste überhaupt nicht, was sie davon halten sollte. Also beschloss man, die Sache fallen zulassen! Als Gott unsere Seelen schuf, projizierte er auch uns in drei wesentliche Stufen der Manifestation. Zunächst formte er unsere Körper aus Gedanken: ideationale oder kausale Körper. Dieser kausale Körper ist unsere innerste Wirklichkeit als manifeste Wesen. Auf dieser Ebene tritt die Seele in ihre manifestierte Existenz ein. Davor ist sie einfach ein Teil von Gottes unendlichem Bewusstsein.

Um diese Ansammlung göttlicher Ideen herum und aus ihr heraus nach aussen projiziert befindet sich der Astralleib. Unsere Astralkörper bestehen aus Licht und Energie, so wie die Astralwelt.

Aus dem Astralleib nach aussen projiziert schliesslich befindet sich der physische Körper, der ihn gewissermassen umhüllt. Jeder der aufeinander folgenden Körper ist eine Projektion des feinstofflicheren Körpers, den er manifestiert. Deshalb ähnelt er auch in gewisser Hinsicht diesem Körper. Der Astralkörper ist Ausdruck des ideationalen Körpers auf der Ebene von Licht und Energie. Und der materielle Körper ähnelt auf grobe materielle Weise wieder dem Astralleib.

Je weiter sie sich von ihrem essentiell spirituellen Zustand entfernt, desto dichter wird die Materie. Ebenso verhält es sich mit dem Bewusstsein des Menschen. Je mehr unser Bewusstsein mit der Materie identisch wird, desto dichter, phantasieloser und unkreativer werden wir.

Materie wird hart, wenn sie abkühlt. Ebenso verhält es sich mit den Gefühlen des menschlichen Herzens, wenn unsere Fähigkeit zur Zuneigung abkühlt, und auch mit dem menschlichen Bewusstsein insgesamt. Denn indem unser Interesse an der Welt um uns „abkühlt" - wir uns also geistig zusammenziehen anstatt uns zu weiten, um die Herausforderungen des Lebens anzunehmen - werden unsere Gewohnheiten fest und unveränderlich, unsere Ideen verhärten sich zu Dogmen, und wir werden, um Yoganandas farbige Ausdrucksweise zu verwenden, zu „psychologischen Antiquitäten".

Der Körper des Menschen ist ein Abbild der Stufen der göttlichen Manifestation bis hin zur Materie. Tief in der Wirbelsäule beherbergt er Chakren, wie die indischen Yogis sagen, beziehungsweise Zentren oder Wirbel aus Energie und Bewusstsein.

Je mehr ein Mensch nach innen in seinen höheren Zentren lebt, desto mehr wird er eins mit seiner eigenen höheren Natur. Sein Bewusstsein erhebt und erweitert sich und umfasst mühelos andere Menschen und andere Wirklichkeiten als die eigene.

Je mehr er andererseits in den niedrigeren Zentren der Wirbelsäule lebt, desto mehr wird er eins mit seiner niedrigeren Natur. Sein Bewusstsein sinkt. Sein Geist wird trübe. Mehr und mehr zieht er sich auf sich selbst zurück, in krampfhafter Selbstbestätigung des Egos, der eigenen Getrenntheit von anderen und der eigenen selbstsüchtigen Bedürfnisse.

In unserer Sprache enthüllt sich, dass diese Wahrheiten jedem von uns bis zu einem gewissen Grade bewusst sind. Überall sagen die Menschen, sie fühlten sich „high" oder „down", erhoben oder niedergeschmettert. Man sagt „Es geht aufwärts" oder auch „abwärts", schwankt zwischen „Gefühlshochs" und „Gefühlstiefs" oder wie die Italiener sagen, zwischen „alti e bassi".

Wenn man sich gerade in einem „Tief" befindet, kann man sich auf die höheren Zentren konzentrieren, um sein Energieniveau zu heben, besonders auf das Herzzentrum, welches sich auf Höhe des Herzens in der Wirbelsäule befindet, oder auf das „Christuszentrum", welches in der Stirn zwischen den Augenbrauen liegt. Das funktioniert tatsächlich! Auch wenn man spirituelle Fortschritte machen will, ist es nützlich, seinen geistigen Brennpunkt ständig auf eines dieser beiden Zentren zu richten.

Jeder von uns ist Teil von Gottes ungeheurem schöpferischen Prozess. So wie wir uns zurück zu ihm entwickeln müssen, so muss sich auch das ganze Universum zurück zu ihm entwickeln.

Es gibt ganze Milchstrassen, in deren Energiestrahlung sich unterschiedliche Grade der Verfeinerung manifestieren. Im lodernden Herzen jeder Milchstrasse befindet sich ihr göttliches Zentrum. Von diesem Punkt aus fliessen Strahlen von Licht und Bewusstsein nach aussen und nähren das spirituelle Leben des ganzen Systems.

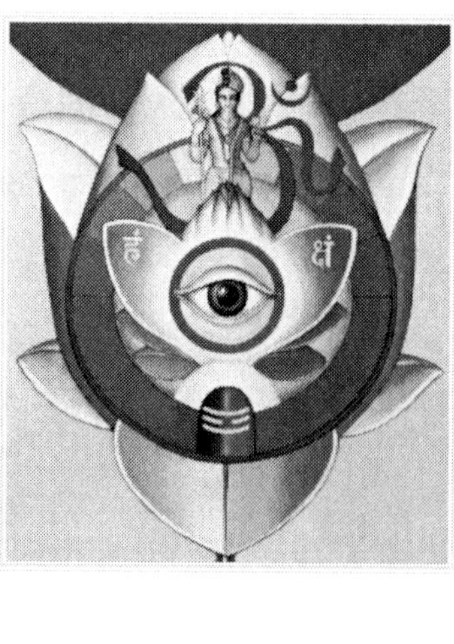

Manche Milchstrassen sind sehr wenig spirituell entwickelt. Folglich sind die Licht- und Bewusstseinsstrahlen, die sie von ihrem Zentrum nach aussen schicken, zutiefst materialistisch. Die Mehrzahl der Wesen, die auf den Planeten solcher Milchstrassen leben, sind in Selbstsucht und Egoismus verwickelt. Ihre Bewusstheit ist trübe, ihre Vorstellungskraft an dichte Materie gefesselt und unfähig, sich entscheidend über das zu erheben, was sie um sich herum bereits sehen.

Die Schöpferkraft der Menschen auf diesen Planeten befindet sich auf einem Tiefpunkt. Sie sind unfähig, hockentwickelte Kulturen zu erschaffen. Sie erzeugen keine empfindsame Kunst, keine schönen Handarbeiten, keine erhabene Musik oder Poesie. Stattdessen verharren sie in einem Zustand von unaufhörlicher Gewalt, Krieg, List und Argwohn. Der Geisteszustand des Glücks ist ihnen praktisch unbekannt. Sie leben nur relativ kurz und werden von Krankheiten aller Art heimgesucht.

Andere spirituell weiter entwickelte Milchstraßen verströmen aus ihrem Zentrum Bewusstseinsstrahlen, die mehr der Wahrheit entsprechen, dass Materie eine Manifestation von Energie ist. Die Mehrzahl der Wesen auf den Planeten in diesen Milchstrassen sind dennoch an die Materie gebunden. Schliesslich sprechen wir jetzt immer noch vom dichtesten Universum, dem materiellen. Allerdings sind sie energiegeladener, bewusster und schöpferisch aktiver als die Bewohner der niedrigsten Milchstrassen. Ganz natürlich schaffen die intelligenten Wesen auf diesen höherstehenden Planeten schöne Gegenstände: beschwingte Gebäude, empfindsame Schnitzereien und Gemälde. Ausserdem begreifen sie Energie und das Denken selbst als Mittel zur Veränderung und Beherrschung von Materie.

Die Wesen schaffen hoch entwickelte Kulturen und leben im Vergleich zu denen auf den dunkelsten Ebenen eher in einem

Zustand von Frieden, guter Gesundheit und allgemeinen Wohlbefindens. Egoismus und Selbstsucht sind zwar noch machtvolle Triebkräfte menschlichen Verhaltens aber werden doch mit weniger Nachdruck durchgesetzt. Folglich wird dort auch weniger Krieg geführt. Wenn es aber doch zu einem Krieg kommt, ist die Gewalt leider um so grösser, weil dem Menschen in diesem Stadium seiner Evolution so viel mehr Machtmittel zur Verfügung stehen.

Die am höchsten entwickelten materiellen Milchstrassen strömen Strahlen eines gehobeneren Bewusstseins aus. Die intelligenten Wesen, die auf den Planeten dieser Milchstrassen leben, betrachten – anders als die, die auf niedrigeren Ebenen der Evolution leben – Energie nicht als Mittel zur Manipulation und Beherrschung von Materie, sondern sehen Materie eher als Pforte zum Eintritt in feinere astrale Gefilde. Diese Wesen leben in müheloser Kommunion mit engelhaften Wesen. Ihr Leben verläuft in dauerhafter Harmonie mit der Natur und mit den reinen Naturgeistern, welche Leben, Ordnung und Schönheit in diese physische Welt bringen.

Die Kreativität dieser Wesen richtet sich nicht so sehr auf das Erschaffen schöner Formen wie auf das Erreichen schöner Bewusstseinszustände. Was sie jedoch im Materiellen erschaffen, ist mühelos schön, beschwingt und wohltuend für sie selbst und andere. Diese Menschen verlangt es nicht nach grossartigen Gebäuden oder fest gefügten Wohnhäusern, sondern sie ziehen den „Schutz der Bäume" vor, wie es der grosse Meister Babadschi, einer von Yoganandas Lehrern, einmal ausgedrückt hat. Denn auch die Natur wird milde, wenn der Mensch Gedanken von Liebe und Harmonie aussendet.

Glück und körperliches Wohlergehen sind auf solchen Planeten die Regel, obwohl auch die Spannungen der materiellen Existenz nicht völlig fehlen, und auch nicht die Gefühle, die sich aus dem, wenn auch geringen, Verhaftetsein an die Materie ergeben. Meinungsverschiedenheiten werden jedoch rasch - und meistens liebevoll - beigelegt. Das Ego-Bewusstsein ist da, denn seine Wurzeln liegen im Astralleib, aber die Egos der Menschen sind von Natur aus eher geneigt, sich nach anderen auszustrecken und deren Glück in ihr eigenes mit aufzunehmen.

Das ganze Universum singt mit Leben! Die Astronomen haben die Möglichkeit, dass auf anderen Planeten Leben existiert, das dem unsrigen vergleichbar wäre, in gelehrten Diskussionen erörtert. Einige darunter haben die Wahrscheinlichkeit auf praktisch Null herunter gerechnet. Ganz anders haben die grossen Meister Gottes Universum in ihren tiefen Visionen der unendlichen Mysterien gesehen. Unendlich viele Planeten gibt es, so berichten sie uns, und unzählige darunter wimmeln geradezu vor Leben. Das bedeutet allerdings nicht unbedingt, dass das Leben auf all diesen Planeten ebenso wie das unsrige auf Basis von Kohlenstoff funktioniert.

Die Menschen bleiben nicht ewig Bewohner desselben Planeten und verweilen auch nicht ständig in derselben Milchstrasse. Sondern sie inkarnieren sich während der langen Reise ihrer Evolution durch die Materie auf vielen Planeten und in vielen Milchstrassen.

Ihr Fortschreiten wird ihnen nicht aufgezwungen. Jeder hat die Freiheit, in seinem eigenen Tempo voranzuschreiten. Er kann sich zum Beispiel zunächst auf einem mässig entwickelten Planeten oder einer entsprechenden Milchstrasse inkarnieren und dann auf einen weniger entwickelten Planeten überwechseln, wenn er sich bewusst entscheidet, sich immer mehr mit seinem Ego zu identifizieren und sich an der Materie zu berauschen. Andererseits aber kann er auch in eine weitaus höhere Sphäre materieller Existenz springen, wenn er sich entschieden hat, in wahrer Harmonie mit anderen und mit der Natur zu leben.

Kaum einmal wohnen auf einem Planeten nur Individuen, die entweder zum einen oder anderen Typus gehören. Auch die Menschen selbst sind nicht so gemacht, dass man sie klar hier oder dort einordnen könnte. Denn in der Materie gibt es nicht die klare Unterscheidung der Schwingungen, durch die sich, wie wir später sehen werden, das astrale Universum auszeichnet. Schulter an Schulter leben Heilige und Sünder auf der materiellen Ebene, und gerade dadurch haben die Menschen überall einen grossartigen Anreiz, sich das eine als Beispiel zu nehmen und das andere zu vermeiden. Denn heilige Menschen strahlen sichtbar Glück aus, während Menschen mit niedrigem Bewusstsein durchweg unglücklich sind.

Das Bewusstsein der Mehrheit entscheidet, ob ein Planet oder eine Milchstrasse als „schwer" (also dem niedrigsten Typus zugehörig), ego-aktiv (was dem mittleren Stadium der Evolution entspricht) oder leicht (also dem höchsten Typ zugehörig) zu bezeichnen ist.

Sobald alle Bewohner eines Planeten die spirituellen Lektionen gelernt haben, die sich aus der Natur der Materie lernen lassen, wird der Planet, da er nun seinem evolutionären Zweck genügt hat, wieder in die astrale Energie aufgelöst, deren Manifestation er war.

Auch unter ganz bestimmten anderen Bedingungen kann ein Planet aufgelöst oder zerstört werden: wenn sich nämlich das Bewusstsein seiner Bewohner einheitlich verdunkelt, sie blind für spirituelle Wirklichkeiten werden und sich in Egoismus und Sünde verlieren.

Unser eigener Planet steht ebenso wie unsere Milchstrasse nicht am extremen Ende des spirituellen Spektrums. Er gehört zur mittleren Kategorie, also zu den ego-aktiven, was einem teilweisen Erwachen aus der materiellen Verblendung entspricht. Die Mehrheit der Menschen auf diesem Planeten sind derart in aus dem Ego motivierten Verrichtungen verfangen, dass sie für spirituelle Wahrheiten bestenfalls symbolische Aufmerksamkeit übrig haben. Obendrein betrachten sie selbst diese höheren Wirklichkeiten nur im Hinblick auf den materiellen Nutzen, den sie daraus ziehen können.

Unser Sonnensystem liegt am äusseren Rand unserer Milchstrasse. Deshalb empfangen wir die Strahlen spiritueller Energie, die vom Zentrum unserer Milchstrasse ausströmen, nur schwach, verglichen mit den Systemen, die weiter innen liegen.

Angesichts dieser Randstellung haben wir noch einen weiten Weg vor uns, bis wir unser ganzes Potential als Bewohner einer ego-aktiven Milchstraße manifestieren können. Die Mehrheit der Menschen auf unserer Erde sind in der Tat noch stark im Materiellen verhaftet und durch das Ego motiviert. Viele aber sind nicht bloss ego-aktiv, sondern von schwerem Charakter. Sie stecken tief in der Verhaftung an Gewalt, gewalttätigen Gefühlen und Emotionen und an der Materie selbst als einziger Wirklichkeit, an die sie glauben können. Wäre unser Planet weiter entwickelt, wäre ihre Zahl geringer.

Glücklicherweise bewegt sich dieses Sonnensystem zur Zeit auf das Zentrum der Milchstrasse zu. Laut Yogananda ist dies der Grund dafür, dass wir in ein neues Zeitalter eingetreten sind, nicht das Wassermannzeitalter, wie so viele behaupten, sondern ein weit grösserer Sprung nach vorn in der Evolution: ein Sprung in eine Zeit, in der die Menschheit im allgemeinen spirituell bewusster sein wird und die Realitäten der Energie und die Anwendung dieser Realitäten auf die Materie Schritt für Schritt immer tiefer verstehen wird.

Wir stehen erst am Anfang dieses so genannten Dwapara-Zeitalters. Da wir erst vor kurzem darin eingetreten sind, besteht zur Zeit eine ungeheure Spannung zwischen der alten und der neuen Weise, die Welt zu begreifen.

Indem unser Sonnensystem immer näher ans Zentrum der Milchstrasse heranrückt, wird das neue Zeitalter, dessen voller Name Dwapara Yuga lautet, dem menschlichen Bewusstsein eine weit tiefere göttliche Bewusstheit vermitteln als jemals zuvor in der Geschichte. Zusammen mit dieser vertieften Bewusstheit wird sich ein tieferes Gefühl der Harmonie mit der Natur einstellen.

Viele Menschen interessieren sich heute für die feineren Ebenen der Wirklichkeit, für die Astralwelt und für die Möglichkeit, Informationen aus der Astralwelt auf diese materielle Ebene zu channeln. Das ist zum Teil den stärkeren Strahlen der spirituellen Energie zu verdanken, die schon heute auf unseren Planeten einwirken.

Aber diese Menschen dürfen sich in ihrer spirituellen Information nicht durch Falschinformationen über gewisse spirituelle Wirklichkeiten ablenken lassen.

Kapitel 3

Die Astralwelt

Die physische Welt ist nur ein blasser Abklatsch der Astralwelt – eine Projektion davon, die jedoch wegen der Dichte des Mediums vieles einbüßt, so wie ein farbenprächtiges Ölgemälde viel verliert, wenn man es auf glanzlosem billigen Papier abdruckt.

Man muss sich wirklich fragen, warum die Menschen sich mit der Kopie zufrieden geben, wenn sie doch ebenso gut das Original haben könnten. Dieses Phänomen findet man auf allen Ebenen der kosmischen Manifestation: Warum bleiben wir diesem oder jenem verhaftet, wenn wir Gott haben können?

Genau diese Frage stellen sich alle Heiligen, sobald sie Gott gefunden haben! Alle Vergleiche zwischen der Seligkeit der Einheit mit Ihm und den Freuden aus zweiter Hand, die seine Schöpfung bietet, sind absurd. Gott ist, so wie es die Schriften der Inder sagen, der „höchste Genass"!

Leider jedoch ist die Macht der Verblendung stark. Und es ist nicht leicht, das Bekannte für das Unbekannte aufzugeben. Von der Seele aber wird letztendlich gerade dieses Opfer verlangt. „Der, der sein Leben verliert", sagte Jesus, „wird es finden".

Warum klammern sich die Menschen an die Materie, wenn sie soviel mehr Schönheit in der Astralwelt finden können? Das liegt vor allem daran, dass es ihnen ja nicht nur um das Vergnügen an der Schönheit geht. Sie wollen die Schönheit nicht nur geniessen, sondern auch besitzen. Und aus diesem Gedanken des Besitzens heraus wollen sie die Schönheit schützen und andere davon abhalten, sie ihnen wegzunehmen und ihrerseits zu besitzen. Durch diese besitzgierige Einstellung zu den Dingen geht die fliessende Beschaffenheit verloren, die ein wesentliches Merkmal der feineren Energiewelt ist.

Ausserdem haben Menschen, die der Materie verhaftet sind, Angst vor Energie: Angst vor ihrer Dynamik, ihrer Herausforderung, vor ihrer flüssigen Beschaffenheit. Sie mögen ihre festgefahrenen Gewohnheiten, ihre starren geistigen Einstellungen, ihre festgelegten Charakterzüge und ihre unveränderlichen Ideen und Dogmen. Viele fühlen sich durch Herausforderungen eher bedroht als belebt. Sie verschmähen dynamische Lösungen für ihre Probleme und entscheiden sich für Lösungen, die versprechen, die Dinge weitgehend unverändert zu lassen. Anstatt Wege zur Erweiterung des Bewusstseins zu suchen, tun sie ihr Bestes, um es zu begrenzen, stumpfen es im Extremfall sogar künstlich ab: durch Alkohol, Drogen oder auch einfach durch Geistesabwesenheit.

Den meisten Menschen sind körperlicher Komfort und körperliche Annehmlichkeiten wichtiger als Schönheit. Wenn sie ein Picknick im Grünen machen, lassen sie gedankenlos ihre Abfälle am Ufer eines wunderschönen Flusses zurück. Wenn sie einen Ausflug zum Strand unternehmen, geniessen sie nicht das friedliche Heranrollen der Brandung, sondern schleppen ihre eigene hübsch verpackte Klangwelt in Form eines Transistorradios mit, ohne sich darüber Gedanken zu machen, dass sie die Sinneswahrnehmungen aller Menschen rundum vergewaltigen.

Die Freuden dieser physischen Welt sind relativ dicht, aber anscheinend mögen es die Leute genau so! Deshalb kommen sie immer wieder hierher zurück, bis sie ihre dichteren Verhaftungen verarbeitet und aufgelöst haben. Dürften sie einen Tag im Paradies verbringen, würden sich die meisten wie ein Fisch auf dem Trockenen fühlen und heftig zappeln, um wieder in eine Umwelt zurückzukehren, in der sie bequem zurechtkommen.

Viele würde es in diesem Paradies auf Probe schon bald verzweifelt nach einem Menschen verlangen, mit dem sie sich anlegen könnten, einen Streit vom Zaune brechen, ihn kritisieren oder einen Wutanfall an ihm abreagieren könnten. Wenn sie rundum nur friedlich lächelnde Gesichter und freundliches Verständnis fänden, hätten sie bald das Gefühl, durchzudrehen oder verrückt zu werden.

Warum aber verlassen nicht zumindest die Menschen, deren Bewusstsein ich „leicht" genannt habe, die physische Ebene und weilen in der Astralwelt? Die Antwort lautet: Sie tun es bereits, und zwar um so mehr, je geringer ihre materiellen Verhaftungen werden. Sie haben allerdings ein Problem, dass nämlich immer noch geringfügige Spuren der materiellen Verhaftung in ihrem Unterbewussten lauern, irgendwo in dunklen verborgenen Winkeln der Erinnerung. Man braucht Zeit, sie alle aufzuspüren und hinauf ins Licht des gegenwärtigen Verstehens zu bringen, wo sie verwelken und sterben.

Verlangen lenkt Energie. Und Energie, die vom Herzen gelenkt wird, reisst uns mit sich fort. Deshalb kehren wir immer wieder zurück zu dieser Ebene der Existenz, solange noch die geringste Spur von Verlangen nach dem vorhanden ist, was allein die Materie uns bieten kann. Wenn diese Spuren weniger werden und unser Gefühl der Identität mit der Astralwelt stärker wird, steigert sich die Dauer unserer Aufenthalte dort nach und nach. Es ist auch möglich, dass wir uns entscheiden, rasch zurückzukehren, um uns sobald wie möglich von allen Überbleibseln materieller Verhaftung zu reinigen. Die einzigen Menschen, die ohne den persönlichen Zwang des Verlangens zu dieser physischen Ebene zurückkehren, sind jene, die kommen, um anderen bei ihrem Kampf um Freiheit von materiellen Begierden zu helfen.

Menschen mit „leichtem" Bewusstsein tragen in sich astrale Erinnerungen zurück auf diese Ebene. Daher versuchen sie – meist ohne sich des Zusammenhangs bewusst zu sein – die Schönheit und Harmonie, die sie dort erlebten, auch hier nachzuschaffen. Sie geben der Welt schöne Musik, schöne Gemälde, schöne Landschaften und Gärten mit fröhlichen Blumen, Bäumen und weiten erhebenden Aussichten oder harmonisch gestaltete Gebäude.

Eine Kunst, die die Schönheit im Namen von Wahrheit und Realismus verleugnet, dient nur als Bestätigung einer niedrigen Wirklichkeit, verwirft das höhere zugunsten des niedrigeren Bewusstseins und zieht Ego-Bindung der Seelenfreiheit vor.

Die astrale Welt, die so viele Menschen aus Erinnerungen und Phantasien kennen, ist ein wirklicher Ort. Anders als die Erde ist sie jedoch nicht hart wie Stein. Bei genauer Betrachtung erweisen sich übrigens auch die Felsen der Erde als weniger fest, als man meinen könnte. Denn die atomaren Teilchen, die ihre Atomstruktur ausmachen, sind, relativ gesehen, genauso weit voneinander entfernt wie die Sterne im Weltraum.

Das astrale Universum besteht aus Licht und Energie, aber seine Bewohner bewegen sich ebenso wie wir auf Planeten. Ihre

Blumenwiesen sind für sie ebenso wirklich wie unsere Wiesen für uns. In gewisser Hinsicht sind sie sogar noch wirklicher, da die Wahrnehmungen der Astralwesen nicht durch die Schwere der Materie getrübt werden. Es steht ihnen frei, sich zu erheben und sich auszuweiten. Folglich leben sie weit intensiver. Das astrale Universum ist weitaus grösser als unser physisches, das uns ja auch schon unglaublich gross erscheint! Anders als in dem uns bekannten Universum gibt es dort aber keine toten Planeten. Denn auf der Astralebene gibt es nur den einen wahren Zweck der göttlichen Schöpfung: den manifesten Ausdruck von Leben und Bewusstsein. Auch auf der materiellen Ebene ist dies das Ziel Gottes, aber hier ist es weniger offensichtlich.

Alle Dinge in der Astralwelt scheinen mit ihrem eigenen Licht, da sie ja aus Licht bestehen. In der physischen Welt erkennt man die Farbe und Schönheit eines Gegenstandes nur aus dem Licht, das er reflektiert. Deshalb sind die Farben der Erde trübe, ihre Schönheit gedämpft.

Ganz anders in der Astralwelt. Alle Schönheit dort ist so schön, dass sie sofort verzaubert. Dort gibt es Farben, die sich niemand auf der Erde vorstellen kann. Die Musik dieser Welt berührt nicht nur das Ohr, sondern lässt das ganze Sein des Menschen mitschwingen. Die Wohlgerüche dort sind erlesener als jeder noch so köstliche Rosen- oder Jasminduft, den wir kennen. Der Geschmack der Speisen ist so, als seien tausend herrliche irdische Geschmäcker zu einem einzigen verschmolzen. Der Tastsinn ist ein intuitives Schwelgen in Strömen strahlenden Lichts.

Dort gibt es blumenübersäte Wiesen in vergnügter Üppigkeit. Es ist wohltuend, sich auf ihnen niederzulassen, denn sie sind niemals kalt, feucht oder von Käfern bevölkert. Erfrischende Bäche fliessen sanft durch grünende Felder, ohne jemals lebensbedrohlich reissend oder tief zu sein. Hohe Berge türmen sich majestätisch und sind mit Leichtigkeit zu erklimmen oder gar zu überfliegen, denn in der Astralwelt gibt es kein Gewicht, so wie wir es auf der Erde kennen. Regenbogenschimmernde Wasserfälle rauschen munter über steile Bergesklippen. Die Felsen auf den Abhängen weiter oben werden weiter unten in den Tälern abgelöst durch üppiges Gras und stattliche Bäume, darunter so mancher in voller glorreicher Blüte.

Die Behausungen der Einwohner sind anmutig, künstlerisch und unterliegen nicht den Gesetzen von Auflösung, Verrottung und Verfall, die wir auf der Erde kennen. Die Gemeinschaften leben in Frieden und Harmonie miteinander und kennen nur Liebe zueinander und zu Gott. Nur zu gern teilen sie alle Freuden, Mühen und Anstrengungen miteinander, um die Mysterien des Lebens um so tiefer zu verstehen.

Das astrale Universum ist nicht nur weit grösser als unseres, sondern auch weitaus abwechslungsreicher. Denn die Dichte der Materie macht, dass die Schönheiten der Lichtwelt sich hier nur gedämpft wiedergeben lassen. Ebenso aber macht sie, dass wir auch die dunklere Seite der Astralwelt bestenfalls trübe wahrnehmen können.

Denn der Himmel, den ich beschrieben habe, ist zwar das Ideal, nachdem die Menschheit streben mag, aber es ist nicht die Wirklichkeit, die von allen astralen Wesen gelebt wird. Es gibt Himmel, die weit höher und schöner sind als alles, was sich mit Worten beschreiben liesse. Aber es gibt auch Regionen, die weitaus dunkler sind, als man es hier auf der Erde für möglich halten würde.

Denn in einer Welt, deren Essenz Licht ist, ist das Fehlen von Licht in einem Grade bedrückend, der nach irdischen Begriffen kaum vorstellbar ist. Wenn wir einen holprigen Vergleich wählen wollen, könnten wir diesen Zustand mit der Leere vergleichen, die in dieser Welt herrschen würde, falls es keine Materie gäbe, die den Dingen Substanz und Festigkeit verliehe. In den niedrigeren astralen Regionen herrscht ständig ein ähnliches Gefühl des Mangels. Man streckt die Hand aus und kann doch nichts ertasten. Hier herrschen hilfloser Zorn, Frustration und Schmerz.

Die Bewohner dieser Gebiete kennen keinen Frieden, ganz wie die Menschen in den weniger entwickelten Regionen des physischen Universums, nur Streit, Hass und Krieg. Sie leben in unablässigem Bedauern über all das, was sie niemals haben können oder was sich nicht ändern lässt.

Wie grauer Nebel hängt Dunkelheit schwer über müden Ebenen und öden Tälern. Da die Gefühle der Einwohner ebenso wie in den höheren Regionen frei sind von materiellen Bindungen, fühlen sie viel intensiver, und ihr Elend ist weit furchtbarer als es auf der Erde sein könnte, wo der Mensch immerhin die Möglichkeit hat, sein Leiden zu lindern, indem er den Geist betäubt.

Den Bewohnern der höheren Regionen steht es frei, in diese dämmrigen Höllen hinabzusteigen. Sie gehen dorthin in der Absicht, denen zu helfen, deren Leiden sie an einen Punkt gebracht hat, an dem sie, wenn auch zunächst zaghaft, ihre

Fühler nach oben zum Licht ausstrecken wollen. Denn irgendwann einmal ist es jede dieser erbärmlichen Seelen müde, weiter den Ungerechtigkeiten nachzuhängen, die ihr in der Vergangenheit angetan wurden (so nehmen sie das Unrecht wahr, das sie selbst begangen haben). Sobald sie beginnen, die persönliche Verantwortung für die missliche Lage, in der sie sich befinden, zu übernehmen, beginnen sie auch zu begreifen, dass sie die Verantwortung für die Veränderung ihrer Situation in die eigenen Hände nehmen können, indem sie sich selbst verändern. Nur an diesem Punkt können die Engel ihnen helfen. Die Bewohner dieser unterschiedlichen Regionen haben nicht automatisch Zugang zu höheren Gefilden. Die Tatsache, dass man Bewohner der Astralwelt ist, verleiht einem nicht unbedingt höhere Weisheit, als man bisher besass. Man kann dort leben und gleichzeitig überzeugt sein, dass es keine Engel gibt, keine Heiligen, keine Meister, keine spirituelle Evolution, keine Möglichkeit der Rückkehr zur Erde in der eigenen Zukunft.

Viele Erdbewohner wechseln mit ihrem Tode in die Astralwelt über, sind aber noch weniger bewusst als bisher. Da sie auf der Erde in totaler Identifikation mit ihren körperlichen Sinnen lebten, haben sie die Intuition nicht entwickelt, die man braucht, um die feineren Wirklichkeiten der Astralwelt wahrzunehmen. Alle Gefühle, die sie erfahren, sind intensiv, ähneln jedoch den Gefühlen, die man gelegentlich in Träumen spürt:

Sie sind stark, aber haben keinen klaren Brennpunkt.

Wenn ein Mensch stirbt, lässt er seine körperliche Hülle zurück. Dies jedoch ist nur der äusserste seiner drei Körper. Er behält den Astralkörper und darin wiederum den Kausalkörper. Der physische Tod bedeutet also nicht, dass man mit einem grossen Ozean voller Energie und Bewusstsein verschmilzt, wie so viele Menschen heute glauben. Zwar erwartet uns in der Tat irgendwann einmal diese Bestimmung, aber nicht, wie behauptet wird, in ewiger Unbewusstheit und nicht als direkte Folge des Verlassens unseres physischen Körpers. Dieses Verschmelzen kommt vielmehr erst dann, wenn man alle drei Körper aufgibt. Es ist ein bewusster Akt der Selbstausweitung ins Unendliche, in die vollkommene Einheit mit Gott. Dies ist der Zustand, den Jesus und alle grossen Meister erreicht haben. Die bewusste Befreiung von allen drei Körpern ist die esoterische Bedeutung der biblischen Beschreibung von Jesus Hals „Erstgeborenen von den Toten" (Offenbarung 1:5). Soweit sich die Menschen der Nachwelt bewusst sind, bleibt ihre Persönlichkeit erhalten. Ein Gangster verwandelt sich nach dem Tode nicht einfach in einen Engel, sondern behält seine räuberische Natur und leidet dafür.

Die meisten Menschen aber sind nicht böse. Vielleicht meinen sie es nicht immer gut, aber gewöhnlich ist ihre Selbstsucht mehr auf Unwissen als auf Böswilligkeit zurückzuführen. Solche Seelen leiden nach dem Tode nicht, abgesehen davon, dass sie sich vielleicht verwirrt und desorientiert fühlen. Nach einer Ruhepause in der Astralwelt werden sie von ihren irdischen Begierden zurück auf die materielle Ebene gezogen, wo sie sich mit neuen Kräften erneut den Herausforderungen der Erde und dem langen Anstieg aus den Sümpfen der irdischen Verhaftung stellen.

Für Menschen, die auf der Erde ein gutes Leben gelebt haben, ist der Aufenthalt in der Astralwelt ein Genuss. Dies gilt besonders, wenn sie ihre Zeit auf der Erde genutzt haben, um ihren geistigen Horizont, ihre Interessengebiete und vor allem ihre Zuneigung zu anderen Menschen zu erweitern, anstatt in einengenden Definitionen vom „Gutsein" steckenzubleiben.

Solche Menschen gelangen zu Planeten, deren Schwingungen ihrer eigenen Schwingung ähnelt, und vermischen sich dort mit anderen, die ihre Interessen teilen. Auf diesen Planeten gibt es die Nachteile nicht, die sich aus der grossen Unterschiedlichkeit der Menschen ergeben, die hier auf der Erde zusammengewürfelt sind.

Denn jeder astrale Planet hat seine eigenen besonderen Schwingungen. Ein Musikerplanet wird keine Börsenmakler anziehen. Friedliebende Menschen können sich frei bewegen, ohne sich vor Strassenräubern fürchten zu müssen. Diejenigen, die einen ausgeprägten Familiensinn haben, werden nach dem Tode mit ihren Familienmitgliedern vereint. Die, welche die Wissenschaft zu ihrer grossen Liebe erkoren haben, werden sich unter Wissenschaftern wiederfinden. Und wer die Kunst liebt, wird unter Künstlern leben. Die Sache ist ganz einfach: Gleich gesellt sich zu gleich in der astralen Welt.

In diesen Sphären gibt es weder Alter noch Krankheit, wie wir sie kennen. Das Alter gilt eher als Zeit der Weisheit und der spirituellen Reife und nicht als Zeit der Hinfälligkeit. Krankheit ist vornehmlich Unwohlsein: die Unannehmlichkeit, sich innerlich irgendwie unstimmig zu fühlen. Menschen, die es nach ihrem Tode zu solchen Planeten zieht, erhalten wieder die Körper, die sie in ihrer Jugend auf der Erde hatten, nur mit erheblich verstärkter Vitalität.

Menschen, deren Intuition eine gewisse Entwicklung erfahren hat, indem sie regelmässige spirituelle Übungen, insbesondere

Meditation, ausführten oder in ihrem irdischen Leben danach strebten, als Kanal für höhere Führung und Inspiration zu dienen, solche Menschen werden nach ihrem Tode zu relativ hohen astralen Planeten gezogen. Dort mischen sie sich frei unter die Engelwesen und andere weiter entwickelte Personen, die ihnen bei ihrer spirituellen Suche weiterhelfen können.

Solange man jedoch an irdische Begierden gebunden bleibt, ist spirituelle Entwicklung in der astralen Welt nur schwer zu erreichen. Das Leben verläuft dort ohne die Anreize, die man von der Erde kennt. Es ist zu schön, zu harmonisch, zu tief befriedigend. Es fehlen die Kontraste, die wir auf der Erde haben: Slums neben Marmorpalästen; die Ungerechtigkeiten der Privilegierten gegenüber den Unterprivilegierten; das scheinbar unverdiente Leiden guter Menschen, all das, was den Menschen in seiner spirituellen Evolution vorwärts treibt mit dem einzigen Gedanken: „Es muss doch eine bessere Welt geben!" Wenn ein Mensch nicht eine tiefe Liebe zu Gott entwickelt hat, kann es ihm in der anderen Welt nur allzu leicht geschehen, dass er seine spirituelle Suche zunächst einmal aufschiebt.

Aus diesem Grund beschliessen viele Seelen, sobald wie möglich zur Erde zurückzukehren – nicht weil sie sich von weltlichen Begierden gedrängt fühlen, sondern bewegt von dem Entschluss, endlich mit all diesen Begierden Schluss zu machen. In der physischen Welt fällt der spirituelle Fortschritt leichter. Es ist möglich, sich von dieser Ebene sogar noch jenseits der Himmel zu erheben, die ich soeben beschrieben habe, und Sphären zu erreichen, deren Bewohner ständig in der Seligkeit Gottes leben. Auf dieser Ebene ist spiritueller Fortschritt nicht mehr schwer, sondern so natürlich wie der Atem!

Von der Erde befreite Wesen können sich frei im astralen Universum bewegen. Mühelos erkennen sie geliebte Menschen aus vergangenen Leben und erneuern freudig frühere Verbindungen, die lange unterm Sand der Vergessenheit begraben waren.

In seinem klassischen spirituellen Werk „Autobiographie eines Yogi" gibt uns Paramhansa Yogananda eine wunderbare Beschreibung des astralen Universums und geht auf viele Punkte ein, die ich hier ausgelassen habe. Zum Beispiel beschreibt er das weitere Fortschreiten der Seele, nachdem sie die Befreiung von allem Irdischen erreicht hat, wie sie durch die höheren astralen Sphären in die Kausalwelt vordringt und schließlich die endgültige Befreiung in Gott findet. Bewohner der Astralwelt können ohne weiteres beobachten, was wir hier auf der Erde tun. So kann es vorkommen, dass uns Verwandte in Träumen besuchen, um uns ihrer Liebe zu versichern, oder um uns vor einem drohenden Unglück in unserem Leben zu warnen.

Die Strassen der Menschen sind voller Engel. Sie inspirieren alle, deren Geist und Herz dafür offen sind, mit erhebenden Gedanken und schönen Ideen. Sie inspirieren Wissenschafter bei ihrer Suche nach neuen Entdeckungen zum Wohle der Menschheit. Sie inspirieren Künstler, die durch ihre Gemälde, ihre Musik oder Literatur Wahrheit und Schönheit auszudrücken suchen, so dass andere durch deren Werke mehr Einsicht und mehr Freude in ihrem Leben erfahren können.

Ehrlichen Wahrheitssuchern vermitteln sie Antworten auf ihre tiefen Fragen über Leben und Universum, sagen ihnen, wie sie an Einsicht wachsen können.

Trauernden schicken die Engel tröstliche Gedanken. Diese Gedanken kommen allerdings nur dann durch, wenn die Menschen sich trotz ihrer Trauer ein offenes Herz bewahren, nicht jede Hilfe zurückweisen und nicht ständig nur um sich selbst kreisen.

Engel besuchen Krankenhäuser, um denen, die körperlich leiden, Stärke und Trost zu spenden.

Manchmal heilen sie Menschen, bei denen die Ärzte schon alle Hoffnung aufgegeben haben. Oft helfen sie Sterbenden bei ihrem Kampf um die Loslösung vom physischen Körper.

In Kriegszeiten gehen Engel über die Schlachtfelder, bringen dem Geist der Verwundeten Trost und heilen mitunter deren Körper. Sie helfen Sterbenden aus ihrem schmerzgepeinigten physischen Käfig. Wenn der Krieg für eine gerechte Sache geführt wird, können sie den Anführern Inspirationen vermitteln, die ihnen zum Sieg verhelfen.

Engel sind grundsätzlich verpflichtet, den freien Willen derer, denen sie helfen wollen, zu achten. Sie können nur dort eintreten, wo sie willkommen sind. Dazu muss nicht immer eine bewusste Einladung vorliegen, zumindest aber ein Geist, der offen, erhoben und ewig suchend geblieben ist.

Die Hilfe der Engel muss auf irgendeine Weise gerufen werden. Am raschesten reagieren sie auf positive Gedanken voller Licht, Vertrauen und Mut.

Hier eine wahre Geschichte, die zeigt, wie sie auf Mut reagieren und auf die standhafte Weigerung, in aussichtsloser Lage die Hoffnung aufzugeben.

Ein europäischer Freund von mir war in jungen Jahren ein geschickter Bergsteiger. Es gelangen ihm eine ganze Reihe von Erstbesteigungen. Eines Tages beschloss er, einen Berg von einer Seite zu besteigen, an der sich bisher niemand versucht hatte. Auf den anderen Seiten war der Rufsteig vergleichsweise leicht, hier schien er praktisch unmöglich. Trotzdem meinte er, nachdem er die Aufstiegsmöglichkeiten lange erwogen hatte, dass er es schaffen könnte.

Als er schon fast am Gipfel angelangt war, kam er zu einer Felskante, über der sich der Berg weit nach aussen ins Tal schwang. Ein Weiterklettern hätte bedeutet, dass ihn die Schwerkraft fort vom Berg gezogen hätte. Das Unterfangen war offensichtlich hoffnungslos.

Ebenso hoffnunglos jedoch war der Abstieg. Es war schon kaum möglich gewesen, überhaupt zu diesem Punkt zu gelangen. Eine Rückkehr auf demselben Wege war aussichtslos.

„Soll ich hier nun sitzen und verhungern?“ fragte er sich. „Bevor ich das tue, versuche ich lieber weiterzukommen, obwohl ich weiss, dass es nicht weitergeht.“

Also kletterte er weiter. Als er zu dem Punkt gelangte, an dem der Berg sich nach aussen bog, fiel er zurück auf die Felskante. Obwohl er sich dabei verletzt hatte, war er entschlossen, nicht aufzugeben. Wieder kletterte er hoch, und noch einmal und noch einmal.

Etwa beim zwanzigsten Versuch kam er wieder zu der Stelle, wo der Absturz bisher nicht zu vermeiden war. Da wurde er plötzlich gegen den Berg gedrückt! Er kletterte weiter und wurde weiter gehalten.

Schliesslich erreichte er den Gipfel des Berges, von wo er ohne grössere Schwierigkeiten absteigen konnte. Später erzählte er oft: Der Berg hat mich an seinen Busen gedrückt. Eigentlich aber hatten die Engel ihn dort gehalten!

Astralwesen haben andere Gründe, die Verbindung zu den Menschen auf der Erde zu suchen. Da ist einmal das Verlangen der erdgebundenen Seelen, schon vor der ihnen bestimmten Zeit die Freuden der materiellen Welt wieder zu genießen.

Da ist aber auch das Verlangen nach Macht. Denn die Versuchung der Macht ist in der Astralwelt besonders stark, so wie hier auf dieser physischen Ebene bewusstseinsabtötende Tätigkeiten die grösste Versuchung darstellen.

Vielleicht ahnen Sie schon, dass nicht jedes Channeling gleichermassen nützlich für den Menschen ist. Deshalb müssen Sie vor allem erkennen, dass ein Grossteil Ihrer spirituellen Entwicklung vom richtigen Channeling abhängt. Und dann müssen Sie lernen, wie das richtige Channeling aussieht und wie Sie den Wesen, die mit Ihnen auf der Erde leben, als Lichtkanal dienen können.

Kapitel 4

Was ist Channeling?

Was ist Channeling? Die einfachste Antwort lautet: Channeling ist die Übertragung von Inspirationen, die aus einer anderen Quelle als dem Ego empfangen werden.

Diese Inspiration kann viele Gestalten annehmen und tritt keineswegs immer nur in Form von Worten auf. Oft findet sie Ausdruck in der Musik, in Gemälden oder in Form heilender Energie, um nur drei der bekanntesten Channeling-Arten zu nennen.

Ausserdem muss Channeling nicht unbedingt göttlich sein. Menschen können auch als Kanal für niedrigere Wesenheiten dienen und manchmal sogar für dunkle.

Es gibt zwei Wege, gechannelte Inspiration zu empfangen, der eine ist passiv, der andere magnetisch. Das passive Empfangen funktioniert wieder auf zwei verschiedene Weisen. Bei der ersten werden die Gedanken ausgeblendet und der Geist wird einfach offen gehalten, um als Channel zu dienen – im Vertrauen darauf, dass das, was da kommen möge, schon gut sein werde.

Bei der zweiten Form des passiven Empfangs gibt es womöglich kein bewusstes Bemühen um Ausblendung der Gedanken, dennoch wird da eine Art Leere sein: die Überempfänglichkeit eines schwachen Willens. Über solche Personen übernehmen astrale Wesenheiten leicht die Kontrolle. Tatsächlich gibt es häufiger, als man gemeinhin annimmt, Fälle von Besessenheit. Gerade bei der Behandlung von Geistesgestörten sollte die Möglichkeit einer Besessenheit immer mit erwogen werden.

Magnetisches Channeling ist das Resultat eines magnetischen Appells, der bei vollem Bewusstsein und mit starker Beteiligung des Willens ausgesandt wird, wobei die Schwingungsebene ähnlich ist wie die der empfangenen Inspiration. Ein Beispiel für diese Art von magnetischem Appell ist das, was Jesus das „gläubige Gebet" genannt hat.

Ein anderes Beispiel ist der Mut, den mein Bergsteigerfreund bewies, indem er seinen eigenen Willen aufs Äusserste anstrengte, um den Berg zu erklimmen. Sein Mut zog die Hilfe an, die er zum Gelingen brauchte.

Magnetisches Channeling ist die Macht, durch die sich ein wahrer Heiler auszeichnet. Sie kommt zu ihm, angezogen durch sein Mitgefühl für die Kranken. Ein noch vollkommeneres Beispiel für solches Channeling ist der Heilige, der dank seiner eigenen Erhobenheit die göttliche Gnade zu den anderen fliessen lässt.

Magnetisches Channeling ist immer Ergebnis eines bewussten magnetischen Appells. Oft weiss ein Mensch gar nicht bewusst, dass er solch einen Appell ausgesandt hat. Vielleicht meint er, das durch ihn gechannelte Material sei ihm ohne sein bewusstes Verlangen aufgedrängt worden – möglicherweise ohne seine Zustimmung! Doch das scheint nur so, weil man, indem man sich für eine höhere Macht öffnet, auch das Tätigwerden einer Weisheit willkommen heisst, welche grösser ist als die eigene.

Folglich wird unser Gebet oft ganz anders beantwortet, als wir ursprünglich erwartet hatten oder wollten. In solchen Fällen aber enthüllt schliesslich immer die Zeit, dass die empfangene Antwort die beste war, die einzig richtige für uns und für das wahre Glück von uns und anderen. Eine derartige unerkannte magnetische Anziehung liegt zum Beispiel bei Personen vor, die

Heilkräfte empfangen, ohne darum gebeten zu haben. Sie erhalten die Gabe allein aufgrund ihres Mitgefühls für andere, die Schmerz erleiden.

Eine solche unerkannte Anziehung findet man auch bei Personen, die ein Gedicht oder ein Lied empfangen, vielleicht während sie an etwas ganz anderes denken. Anscheinend haben sie gar nicht um diese Inspiration gebeten. Und dennoch wird da etwas in ihrer Haltung gewesen sein, das die Inspiration eingeladen hat. Um wahre Inspiration in Form von Musik anzuziehen, muss jemand zumindest eine tiefe Neigung zur Musik besitzen. Um ein schönes Gedicht zu empfangen, muss er die Poesie lieben, sonst kommt nur der Knittelvers, den auch jeder Preisboxer erfinden könnte.

Ein weiterer wenig bekannter Aspekt ist die Tatsache, dass der magnetische Appell und die bewusste Vorbereitung, die einen Menschen zu einem Kanal machen können, auch in einem früheren Leben stattgefunden haben können.

Ein Beispiel dafür sind die drei Kinder im portugiesischen Fatima, die eine wunderbare Vision der Jungfrau Maria empfingen, gefolgt von einem Channeling von Prophezeiungen über die Zukunft der Welt und einer Reihe erstaunlicher Wunder. Ein anderes Beispiel ist die Erfahrung von Bernadette Soubirous, der im französischen Massabielle in der Nähe von Lourdes die Jungfrau Maria erschien. Zum Abschluss dieser Erscheinungen erschien die Wunderquelle, deren Wasser mittlerweile zahllose Menschen geheilt habt.

Keines dieser Kinder hat die göttlichen Erfahrungen, die es empfing, aktiv gesucht. Viele Biographen haben diese Kinder als in jeder Hinsicht vollkommen normale Kinder dargestellt, wohl in der Absicht, jeden Verdacht, sie könnten nicht normal sein, auszuräumen. Andererseits hat nie jemand behauptet, sie seien der empfangenen Gnade unwürdig gewesen. Und alle sind sich einig, dass sie von ausgenommen reinem Geist und Herzen waren.

Wir können annehmen, dass der magnetische Appell in diesem Fall gerade in ihrer Reinheit lag, entstanden aus wer weiss wie vielen Andachtsübungen in der Vergangenheit. Sicher war es diese Eigenschaft, die die Gnade, die sie empfingen, zu ihnen hinzog.

Denn die göttliche Gnade fliesst nur in die Kanäle, in die sie geladen wurde. Alles andere wäre eine Verspottung des grundlegendsten göttlichen Gesetzes: dem Recht jedes intelligenten Wesens auf die Ausübung seines freien Willens.

So kann ein Bauer die göttliche Führung erhalten, eine Armee anzuführen. Vielleicht lädt er die Führung keineswegs ein, sondern weist sie sogar zurück – zumindest am Anfang. Und dennoch kann er später einer der berühmtesten Kriegsführer der Geschichte werden, so wie es der Heiligen Johanna von Arc geschah.

Ein Mechaniker kann plötzlich eine Inspiration empfangen und anfangen, schöne Musik zu schreiben. Ein literarisch ungebildeter Mensch kann tiefe Einsichten in die Schriften empfangen. In solchen Fällen hat es immer eine Zeit der Vorbereitung im vergangenen Leben gegeben. Und ebenso sicher wird es in diesem Leben eine Zeit geben, in der man erkennt, wie passend das war, was man empfangen hat.

Und was gibt es zum passiven Channeling zu sagen? Diese Art des Channeling ist völlig ungeeignet, um höhere Seelen zum Kontakt mit der Menschheit heranzuziehen. Alle grossen Meister sind sich in diesem Punkt einig.

Betrachten wir es einmal so: Würde ein einigermassen kultivierter Mensch in ein Haus hineingehen, nur weil es da ist und weil die Tür gerade offen steht? Von einer weit geöffneten Tür, in der niemand steht und zur Begrüssung lächelt, geht keine warme, liebevolle Einladung aus. Es wäre ein Akt der Vermessenheit, diese Situation auszunutzen, um einzutreten und drinnen herumzuschnüffeln.

Die tiefste Sehnsucht der Engel im Hinblick auf die Menschen ist es, denen unter uns zu helfen, die Hilfe brauchen. Zunächst aber muss jeder von uns bewusst die Hand nach Hilfe ausstrecken. Sonst würden die Engel es als Anmassung betrachten, hier einzutreten.

Aber wäre es denn nicht denkbar, dass ein engelhaftes Wesen einen Menschen mit passiv geöffnetem Geist betritt, vorausgesetzt andere senden einen magnetischen Appell an dieses Wesen aus, damit es auf diesem Wege erscheinen möge?

Von astralen Wesen ist bekannt, dass sie mitunter auf diese Weise zu uns kommen, Engel aber tun das niemals und Meister ebenso wenig. Hochentwickelte Seelen wissen, dass es jedem göttlichen Prinzip widerspricht, jemanden zu benutzen!

Gut möglich, dass die ursprüngliche Bedeutung von Menschenopfern folgende war: Eine Versammlung von Gläubigen brachte einen Menschen auf dem Altar ihrer Gottheit dar und betete, dass er als Kanal zu dieser Gottheit dienen möge. Gleichzeitig blendete eine Person, in der Regel eine Priesterin, ihr Bewusstsein aus, damit es zeitweise als Werkzeug benutzt werden konnte.

Der grosse Wert, den man dabei auf die Unbeflecktheit der Priesterinnen legte, zeigt, dass sich die Menschen – vielleicht aus höheren Zeiten – noch einen Rest von Bewusstsein davon bewahrt hatten, dass die Reinheit der Botschaft vor allem von der Reinheit des Werkzeugs abhängt.

Auch das Ausblenden der Gedanken als Mittel zum Einlassen astraler Wesenheiten hat seinen Ursprung in alten Zeiten, nämlich in der Praxis der Meditation. Tiefe Meditation ist das genaue Gegenteil von geistiger Leere. Dieser Geisteszustand zeichnet sich durch eine derart intensive Bewusstheit und durch einen derart klaren Brennpunkt aus, dass die Unrast des Geistes sich einfach legt. Auch heute laden die Andächtigen in tiefer Meditation Gott, Seine Engel und die grossen Meister ein, in ihr Bewusstsein einzutreten und sie mit Gnade zu erfüllen.

Ich sagte bereits, dass eine hohe Seele niemals einen bloss passiven Kanal benutzen würde. Bitte fragen Sie sich selbst: Was für Seelen würden so einen Kanal benutzen?

Was für Menschen würden ein Haus betreten, nur weil die Tür offen steht? Bestimmt nur Leute mit selbstsüchtigen Motiven. Nicht unbedingt schlechte Menschen, sondern vielleicht auch jemand mit einem Hang zur Neugier. Möglicherweise denkt er sich: „Ist da drinnen vielleicht jemand, mit dem ich mich austauschen kann?“ Auf jeden Fall würde so ein Mensch, um einen modernen Ausdruck zu gebrauchen, keine „Klasse“ haben.

Vor ein paar Jahren gab es einen Pianisten, der behauptete, er sei ein Channel für Beethoven. Die Stücke, die er spielte, erinnerten tatsächlich vage an den Stil von Beethoven. Aber die Menschen, die ihn hörten, waren keineswegs besonders tief beeindruckt. Ein Kritiker bemerkte trocken, wenn da tatsächlich Beethoven durchkäme, könnte man schliessen, dass die Astralwelt seinem Genie geschadet habe!

Wen aber channelte der Pianist dann, wenn es nicht Beethoven war? Irgendeinen astralen Gernegroß etwa, der nach unverdienter Anerkennung suchte? Oder war der Pianist ein Betrüger? Letzteres ist natürlich die wahrscheinlichere Erklärung. Vielleicht war der Pianist einfach offener für die Suggestionen seines Unterbewussten, als er selbst wusste.

Das Unterbewusste spielt in der Tat eine wesentliche Rolle bei fast jedem Channeling. Man könnte sogar sagen, dass die meisten so genannten Channels ausschliesslich aus ihrem eigenen Unbewussten schöpfen. Und vielleicht ist das ganz gut so. Denn echtes Channeling kann, wenn es passiv geschieht, ein gefährlicher Zeitvertreib sein.

Das bekannteste Beispiel für passives Channeln sind die Medien, die die Stimmen von Verwandten, Freunden oder berühmten Personen für Menschen, die diese Kontakte suchen, channel oder zumindest versuchen zu channeln.

Echte Medialität ist äusserst selten. In der Regel geht es dabei um das passive Channeling verschiedener Wesenheiten. Diese Praktiken sind besonders gefährlich für das Medium.

Denn jeder von uns ist eine Ansammlung vieler psychologischer Charakterzüge, die oft so sehr in Konflikt miteinander stehen, dass man sie auch als „Komplexe" etikettiert. Es ist keine leichte Aufgabe für einen Menschen, sich psychologisch vollkommen auszurichten, so dass er geistig, emotional und spirituell „klar" wird.

Stellen Sie sich vor, wie es wäre, wenn man über das Muster persönlicher Eigenschaften und Komplexe das Muster einer fremden Persönlichkeit stülpte. Und dann stellen Sie sich vor, wie es wäre, wenn immer neue Persönlichkeiten nacheinander der ersten Persönlichkeit übergestülpt würden. Können Sie sich vorstellen, was für ein Chaos so etwas in einem Menschen anrichten kann? Tatsächlich werden Medien mit der Zeit oft geisteskrank. Etwas ganz anderes aber ist es, wenn man das Bewusstsein eines Meisters in das eigene Bewußtsein aufnimmt, indem man sich intensiv auf ihn einstimmt. Ein Meister ist jemand, der sein Ego-Bewußtsein transzendiert hat. Er ist zu einem Kanal reinen Lichts geworden, befreit von jeder persönlichen Motivation, vollkommen klar in Geist, Herz und Seele. Sich auf ihn einzustimmen, trägt keineswegs zur eigenen Verwirrung bei, sondern ist einer der besten Wege, um sich von jeder Verwirrung zu befreien.

Die innere Einstimmung auf einen wahren Meister ist ganz und gar wohltuend. Das ist die erste Stufe wahrer, also magnetischer, und nicht passiver Medialität.

Manchmal steht ein passives Medium nicht mit vielen dahingegangenen Seelen in Kontakt, sondern mit einer ganz bestimmten astralen Wesenheit (die niemals eine höhere Seele ist), die von der astralen Ebene aus schriftliche Fragen oder

Fragen im Geist der Menschen lesen kann und entsprechend Antwort gibt. Leichtgläubige Menschen lassen sich von solchen scheinbar wundersamen Einsichten sehr beeindrucken, weil sie nicht wissen, dass in der Astralwelt Telepathie etwas ganz Normales ist!

Eine kleine Handvoll medial begabter Menschen besitzen tatsächlich die Fähigkeit, mit den Toten zu kommunizieren und ihre Botschaften nicht nur passiv zu channeln. Solche Menschen verfügen oft über eine ungewöhnliche Konzentrationsfähigkeit und eine hoch entwickelte Willenskraft. Aber die Fähigkeit, mit den Toten zu sprechen, ist keine Kommunikation von hohem Rang. Sie ist einfach eines der vielen metaphysischen Phänomene, die es gibt, und dient mehr der Vermittlung von Information als von Inspiration. Ausserdem erweist sich die übermittelte Information sehr oft als nicht verlässlich, aus dem einfachen Grunde, dass die meisten astralen Wesenheiten nicht verlässlicher sind als die meisten Menschen!

Man sollte sich folgendes einprägen: Die Tatsache, dass astrale Wesen Dinge tun können, die die meisten von uns nicht können – etwa Gedankenlesen – macht sie nicht unbedingt weise. Sie haben Egos, genau wie wir. Das Ego ist nämlich ein Teil des Astralkörpers.

Astralwesen leben auf Planeten, welche ausschliesslich von Wesen ähnlicher Schwingung bevölkert sind. Deshalb ist es gut möglich, dass sie über weniger Bewusstsein von den höheren Wahrheiten verfügen als wir hier auf der Erde. Denn hier haben wir zumindest Gelegenheit, mit zahllosen Menschen zusammentreffen, die sich auf den unterschiedlichsten Ebenen spiritueller

Entwicklung befinden, nicht nur mit Sündern, sondern auch mit Heiligen. Und hier haben wir die Möglichkeit, die höchsten spirituellen Lehren zu empfangen – durch die grossen Schriften und von den Lippen der grossen, lebenden Meister.

Vertrauen Sie keinem Channel, der den höchsten Lehren der Tradition widerspricht. Seine Quelle täuscht sich mit Sicherheit. Es gibt einige so genannte gechannelte „Meister" oder „befreite Wesen", die es auf sich genommen haben, die Lehren der Schriften und grosser Seelen wie Jesus oder Krishna zu korrigieren – als ob die Tatsache, dass sie von der Astralebene sprechen, ihnen Zugang zu Informationen verschaffte, die selbst die grossen Meister hier auf der Erde nicht besitzen. Ist ihnen nicht klar, dass ein wahrer Meister nicht nur die Astralebene, sondern auch die Kausalebene voll transzendiert hat?

Bitte, lassen Sie sich nicht zum Narren halten! Solche Wesenheiten können keinem der grossen Meister das Wasser reichen, nicht einmal den geringeren Heiligen, die in physischer Form auf dieser Erde gewandelt sind. Wären diese sogenannten „befreiten Wesen" von dem Kaliber, das sie für sich beanspruchen, würden sie von vornherein niemals ein passives Instrument wählen, um ihre Informationen an die Menschheit weiterzugeben.

Und noch ein Faktor trägt zur Ungenauigkeit von passivem Channeling bei: die Tatsache, dass ein Channel immer ein Filter für das ist, was durch ihn fliesst. Nur ein wahrer Meister, einer, der sich über die Ego-Motivation erhoben hat, ist als Filter rein genug, dass sein Channeling frei bleibt von solchen Ego-Einmischungen.

Je stärker das Ego der channelnden Person, desto dichter der Filter. Dies gilt besonders dann, wenn der Channel irgendwie selbst von dem betroffen ist, was er channelt.

Passives Channeln überträgt, wie ich bereits sagte, in der Regel Information, nicht Inspiration. Die Information mag durchaus nützlich und positiv sein. Um Menschen jedoch spirituell zu erheben, braucht es viel mehr als Information.

Auch ist passives Channeln mit keinerlei Verantwortung auf Seiten der Wesenheit verbunden. Sie korrigiert nicht. Sie ergreift keine Disziplinarmaßnahmen. Wenn ihr Rat nicht befolgt wird, redet sie in der nächsten Sitzung mit grösster Selbstverständlichkeit weiter, als ob die Tatsache, dass sie einen Vorschlag gemacht hat, sie von allen weiteren Sorgen in der Sache freispräche. Die Wesenheit ist bereit, ihre Information mit allen zu teilen, die zuhören wollen, tut aber nie den Schritt von diesem anonymen Teilen zu persönlicher Betroffenheit oder Mitgefühl.

Gewöhnlich ist für so eine Wesenheit keine Frage zu banal. Fragt jemand: „Warum bricht mir ständig die Bleistiftspitze ab?“, antwortet sie vollkommen ernst: „Ja. In einem vergangenen Leben, in Ägypten, war dieser Mensch Schreiber in einem der grossen Tempel. Zunächst erfüllte er seine Pflichten aufs Sorgfältigste, in späteren Jahren aber wurde er so stolz auf seine Gelehrtheit, dass Rapanla, wie er damals genannt wurde, nur mit Furcht die jüngeren Postulanten betrachtete, die in den Tempel kamen, um lesen und schreiben zu lernen. Er fürchtete sich davor, seine Position an einen anderen zu verlieren. Deshalb zerbricht er in diesem Leben ständig die Spitze des Werkzeugs seiner Gelehrtheit. Und er wird sie weiter zerbrechen, solange er nicht seine Rivalitäten auf literarischem Gebiet überwunden hat.“

Lassen Sie sich nicht einreden, dass jeder, der die Augen zumacht und in geschraubter Sprache redet, unbedingt in Kontakt mit einem weisen Wesen stehen müsste. Schauen Sie sich vor allem den Channel selbst an. Verdankt er seinen Ruf als Channel allein der Tatsache, dass jemand oder etwas behauptet, durch ihn zu sprechen? Wenn er selbst kein Mensch ist, der andere inspirieren kann, brauchen Sie nicht zu glauben, dass irgendetwas, das durch ihn kommt, wahrhaft inspiriert sein kann.

Passives Channeling verläuft normalerweise nach dem Muster, dass den Anwesenden geschmeichelt wird, während an anderen durchaus auch Fehler aufgezeigt werden können. Die Anwesenden bekommen das Gefühl, dass sie in Wahrheiten eingeweiht werden, zu denen sonst niemand Zugang hat. Schon diese Tatsache allein sollte genügen, um dieses Channeling als Machtspiel zu entlarven.

Denn ein wahrer Lehrer wird die lehren, die seiner Lehren bedürfen, und die Verantwortung dafür übernehmen, sie nach seinen besten Fähigkeiten zu unterrichten. Vor allem aber wird er sich bemühen, ihnen nicht nur mit Worten, sondern auch mit Schwingungen, mit seinem Magnetismus zu helfen. Er wird immer versuchen, auf ihr ganzes Wesen einzuwirken, nicht nur auf ihren Intellekt. Er wird sich bemühen, sie durch seinen Magnetismus zu erheben und auf diese Weise ihre verborgene Spiritualität zu wecken.

Deshalb lassen sich wahre Meister, wenn sie der Menschheit helfen wollen, nicht herab und wählen einen passiven Channel als Sprachrohr. Sie inkarnieren sich auf der Erde als menschliche Wesen und bewegen sich mitten unter den anderen Menschen.

Sie nehmen Anteil am Leiden der Menschen, um ihnen ein Beispiel zu geben, wie man das Leiden überwindet. Sie nehmen Anteil an den Kämpfen der Menschen, so dass die Menschen von ihnen inspiriert werden weiterzukämpfen – aber in der richtigen Richtung, bis zum Sieg.

Sie übernehmen eine tiefe spirituelle Verantwortung für diejenigen, zu denen die göttliche Führung sie lenkt, damit sie ihnen helfen. Wenn ein Schüler irrt, zögern sie nicht, es ihm zu sagen und ihn solange anzustacheln, bis er seinen Irrtum überwindet.

Ihre Weisheit wird nicht durch ihre persönlichen Charakterzüge oder Vorurteile gefiltert, denn sie haben keine. Sie haben keine persönlichen Vorlieben oder Abneigungen, keine Verhaftungen, keine Begierden. Sie sind Kanäle im wahrsten göttlichen Sinne. Nichts von dem, was sie sagen, ist ego-motiviert. Ihre Inspiration kommt von Gott und von jenen hohen Seelen, welche, wie sie selbst, mit Gott verschmolzen sind.

Das Wichtigste aber ist, dass sie niemals versuchen, andere von ihrem Channeling abhängig zu machen. Ihre Schüler kommen nie in die Situation, dass ihnen nur der Rat des Meisters als einziges Hilfsmittel bleibt. Meister streben immer danach, die Menschen allein von dem Göttlichen in ihnen selbst abhängig zu machen. Sie lehren ihre Schüler, ihr eigener Kanal zu werden.

Welche Botschaft, die sie uns geben, könnte wichtiger sein als die folgende: „So wie wir getan haben, so sollt auch ihr tun, wenn ihr Schüler seid, die dieses Amtes würdig sind.“

Kapitel 5

Welche Art des Channelings wollen Sie?

Es gibt so viele Möglichkeiten des Channelings, wie es Menschen gibt. Denn Menschen entscheiden über die Qualität des magnetischen Appells, den sie beim Channeling aussenden. Jeder Mensch hat seine eigene Natur, seine ganz persönliche besondere Kombination von Interessen und Wünschen.

Manche Menschen sind schwer von den Täuschungen des Egoismus und wenden sich absichtlich an dunklere Astralkräfte, damit sie ihnen bei der Erfüllung ihrer Gier nach unverdientem Reichtum, weltlicher Macht oder Rache behilflich sind. Andere wollen Channel werden, weil sie in die Zukunft blicken oder die verborgenen Nöte, Ängste und Bestimmungen anderer Menschen lesen wollen. Manche wollen Channel für Naturgeister werden, wieder andere Channel für Musik, Malerei oder Literatur. Einige wenige schliesslich wollen Channel für göttliche Weisheit und göttliche Einsicht werden. Und noch weniger wollen Channel für göttliche Liebe und Freude werden.

Das Spektrum ist so weit gefächert und bunt wie die Menschheit selbst.

Noch ein weiterer wichtiger Punkt muss beim Channeling bedacht werden: Die gechannelte Inspiration wird nicht nur von der Persönlichkeit des Channels beeinflusst, sondern umgekehrt wird auch der Channel durch das beeinflusst, was durch ihn hindurchfliesst.

Dies ist ein überzeugendes Beispiel für das Wort von Jesus: „Denn wer etwas hat, dem wird noch mehr gegeben werden; wer aber nichts hat, dem wird man auch das nehmen, was er hat." (Markus 4:25). Denn was wir empfangen, hängt von den Schwingungen ab, die wir ausstrahlen. Wenn wir nichts ausstrahlen – also gewohnheitsmäßig in einem Zustand geistiger Armut, Apathie und Trübheit leben – dann geht uns auch der wenige Magnetismus, den wir vielleicht einmal hatten, noch in der grossen Leere verloren, die wir um uns geschaffen haben. Wie ein kleiner Planet, der langsam seine Atmosphäre verliert, weil ihm die Schwerkraft fehlt, um sie festzuhalten.

Was wir erbitten, das werden wir empfangen. Während des Zweiten Weltkriegs war ein amerikanischer Offizier im Norden Indiens stationiert. Da er nahe der Grenze lebte, war es ihm möglich, gelegentlich nach Tibet zu reisen. Bei einem seiner Besuche dort erklärte er, er habe Interesse an tibetischer schwarzer Magie. Vielleicht dachte er, die Sache wäre nicht mehr als eine folkloristische Kuriosität. Vielleicht wollte er sich auch ganz einfach ein bisschen amüsieren.

Auf jeden Fall gelang es ihm irgendwie, einen Mann zu treffen, der versprach, ihn zu einer Versammlung von Schwarzmagiern mitzunehmen. Er versorgte ihn auch gleich mit der passenden Verkleidung: einem schweren, schwarzen Umhang mit Kapuze. Denn würde er entdeckt, so warnte er ihn, wäre sein Leben verloren.

Es war schon dunkel, als er ankam. Magier strömten aus allen Himmelsrichtungen zusammen. Als sie ankamen, setzten sie sich in einem grossen Kreis um ein Feuer auf die Erde, die Kapuzen tief ins Gesicht gezogen. Ihr Führer hatte auf einem höheren Felsbrocken Platz genommen und verkündete den Beginn der Sitzung durch eine Reihe unheimlicher Stösse in ein Horn, das aus dem Oberschenkel eines Menschen gemacht war. Dann begannen die Anwesenden, sich gemeinsam nach links und rechts zu wiegen, und sangen mit tiefer Stimme: „Yamantaka, Yamantaka."

Der Amerikaner machte zunächst mit, wohl weil ihm die ganze Sache mehr wie ein Spiel erschien. Allmählich aber spürte er, wie seine Gedanken von der wachsenden Macht erfasst wurden, die der Gesang erzeugte, bis er der Inbrunst der anderen beim besten Willen nicht mehr widerstehen konnte.

Nach einiger Zeit erschienen in dem Kreis eine Folge von Dämonen, jeder ein lebhaftes Abbild einer fundamentalen menschlichen Eigenschaft wie Zorn, Lust oder Gier. Schliesslich erschien auch Yama selbst, der Dämon des Todes.

Schwerfällig begann Yama zu tanzen, so daß die Menschenschädel klapperten, die ihm in einer langen Girlande um den Hals hingen. Nach und nach spürte der Amerikaner, dessen Bewusstsein mittlerweile vollkommen eins mit den anderen war, wie von diesem Dämon eine wachsende Kraft ausströmte, die sich absichtlich nach ihnen ausstreckte, um sie zu überwältigen.

Sofort begannen alle im Kreis, sich mit äußerster Kraft zu wehren, um seine Kraft zurückzudrängen und zu verhindern, dass sie davon überwältigt wurden. Langsam verschwand der Dämon wieder. Die Kraft im Kreis liess nach. Schweigend standen die Magier auf und kehrten durch die Dunkelheit zu ihren Häusern zurück.

Es wäre leichtfertig anzunehmen, dass diese Männer nicht eine innere Veränderung erfuhren, wenn sie Kraft von solchen Wesenheiten bezogen.

Mit den dunklen Mächten zu spielen, ist kein Witz – auch wenn viele Menschen (und gerade die Intellektuellen in ihrer eingebildeten „Weisheit" des zwanzigsten Jahrhunderts) es dafür halten. Ich erinnere mich, wie ich einmal einen esoterischen Buchladen betrat, der, wie ich schnell herausfand, eine grosse Auswahl von Büchern über schwarze Magie führte. Schon im Augenblick meines Eintretens fühlte ich in der Atmosphäre etwas Böses und Ungesundes. Sofort wandte ich mich um, obwohl die Verkäuferin schon fragte, ob sie mir helfen könnte, und verliess das Geschäft. Auch in den Augen der Verkäuferin war das negative Bewusstsein zu erkennen, das sie eigentlich nur verkaufen sollte.

Bei einer anderen Gelegenheit kam nach einem Vortrag eine Frau zu mir, stellte sich herausfordernd vor mich hin, starrte mich mit weit geöffneten Augen an und fragte: „Welches Sternzeichen bin ich?"

Sie benahm sich so fordernd, dass ich unerwartet in das Spiel hineingezogen wurde, das sie entschlossen war zu spielen. Ich sah sie einen Augenblick lang an und sagte: „Steinbock." „Stimmt. Und an welchem Tag im Monat bin ich geboren?" Ich wollte sagen, am vierzehnten. Da das aber der Geburtstag meines Vaters war, dachte ich, dass ich vielleicht dadurch beeinflusst wurde. Also sagte ich eher fragend: „Am fünfzehnten?"

„Dicht dran", gab sie zurück. „Am vierzehnten. Aber", schloss sie, „Sie sind nicht schlecht." „Wirklich?" dachte ich. „Nicht schlecht für was?" Irgendwie fühlte ich mich durch die Begegnung herabgezogen, obwohl sie nur zwanzig Sekunden gedauert hatte. Und ich beschloss dort ein für alle Mal, mich niemals wieder als Channel für nutzlose Inspiration missbrauchen zu lassen.

Alle Menschen haben dann und wann blitzartige intuitive Einsichten manche mehr, manche weniger. Und manche machen darum mehr Wind als andere. Es ist Ihnen sicher auch schon passiert, dass bei einer Party oder ähnlichen Gelegenheiten jemand auf sie zukam, Ihnen in die Augen starrte und verkündete, in Ihnen etwas zu sehen, von dem Sie selbst nichts wussten oder von dem eigentlich nur Sie selbst wissen konnten. Ihr vorrangiges Motiv dabei war natürlich nicht, Ihnen zu helfen, sondern Sie mit ihren medialen Talenten zu beeindrucken.

Wenn Channeling zu einer Bestätigung für das Ego wird, wird das Ego, welches ja die übertragenen Informationen filtert, mit der Zeit zu dicht, um überhaupt noch zu channeln. Dann zieht plötzlich der Akt des Channelns das Bewusstsein nach unten, anstatt es zu erheben. Denn Egoismus zieht den Menschen unweigerlich tiefer in die Verblendung.

Manche Menschen lassen sich durch nichts davon abhalten, andere mit ihren medialen Fähigkeiten zu beeindrucken. Vor ein paar Jahren sollte ich eine Reihe von Seminaren in San Francisco halten. Einige Zeit zuvor rief mich eine Frau an, die ein paar Fragen zu den Seminaren hatte. Als ich ihre Fragen beantwortet hatte, fragte sie: „Welches Sternzeichen sind Sie?“

„Raten Sie mal“, schlug ich vor. „Waage?“ „Nein.“ „Zwillinge?“ „Sie dürfen noch mal raten.“ „Jungfrau?“ So ging es weiter, quer durch den Tierkreis. Beim elften Mal hatte sie das richtige Sternzeichen erwischt. „Wusst' ich's doch“, verkündete sie selbstzufrieden. „Vielleicht“, erwiderte ich, „aber ich habe nicht gemerkt, dass Sie es wussten“. In Indien gibt es eine Geschichte von einem Heiligen, der in alten Zeiten lebte und einen Fluch über alle Astrologen aussprach. Vielleicht meinen Sie, dass so ein Verhalten für einen Heiligen unpassend sei, weil es nach einer allzu pauschalen Denunziation klingt. Andererseits ist es möglich, dass der Mann nur einen Kommentar über bestimmte Leute abgeben wollte, die dazu neigen, sich uneingeladen in das Privatleben und das Innere anderer Leute einzumischen. Dann wäre er einfach ein scharfer Beobachter. Bei solchen Leuten habe ich oft den Eindruck, dass sie unter einer Art medialer Wolke leben, als ob sie durch das ständige Herum bohren in den Privatleben anderer Menschen nicht ganz sauber wären.

Ich möchte damit nicht sagen, dass jeder, der sich mit Astrologie oder ähnlichen Künsten befasst, in dieselbe Kategorie fällt. Ich habe darunter Menschen von bemerkenswerter Einsicht kennengelernt, die ihre Kunst benutzten, um anderen Menschen ehrlich zu helfen, und die deshalb auch für ihr eigenes Leben daraus Gewinn zogen. Man muss immer fragen, wem da geholfen werden soll und wie da geholfen wird.

Geht es dem Astrologen nur um seinen eigenen Nutzen? Benutzt er andere Menschen, um Anerkennung und Macht für sich selbst zu gewinnen? Oder betrachtet er seine Wissenschaft als einen Zugang, durch den er anderen dienen kann? Sind die Menschen, mit denen er arbeitet, für ihn wirklich? Oder sind sie für ihn nur „Typen", die er in Schubfächern ablegt, um den Stolz auf seine grossartigen Fertigkeiten zu rechtfertigen? Sind die Menschen für ihn wirklicher als seine Wissenschaft?

Ich kennen einen Inder, der in seinem Heimatland die Kunst des Handlesens studiert hatte. Einmal bot er bei einer Wohltätigkeitsveranstaltung in Amerika seine Dienste als Handleser an. Eine

Frau bat ihn um eine Deutung. Er inspizierte ihre Handfläche einige Zeit und verkündete sodann feierlich: „Sie haben zwei Kinder."

„Aber ich habe keine Kinder!" erwiderte sie, überrascht von der Gewissheit in seiner Stimme. „Sind Sie sicher?" fragte er. Als sie mir später davon erzählte, meinte sie lachend: „Als ob ich tatsächlich irgendwo ein, zwei Kinder hätte, die ich rein zufällig mit der Zeit vergessen hätte!"

Channeling kann sehr leicht zu einem „Ego-Spiel" werden. Das unaufgeforderte Eindringen in das Leben anderer Menschen ist letztlich nichts anderes als das bereits erwähnte Betreten eines fremden Hauses, nur weil die Tür offen steht. Der einzige Unterschied liegt darin, dass viele medial veranlagte Personen dazu neigen, die Tür gewaltsam zu öffnen.

Wenn Sie Ihre Fähigkeiten als Channel entwickeln wollen, sollten Sie bedenken, dass es im Spektrum des Channeling viele Farbschattierungen gibt. Ich vermute, dass Sie sich nicht der schwarzen Magie zuwenden wollen, sonst würden Sie wohl dieses Buch nicht lesen. Aber selbst in der weissen Magie – also dem Einstimmen auf Kräfte in anderen Welten oder auf Bewusstseinsebenen, die nicht schaden, sondern mitunter durchaus wohltätig wirken, selbst wenn sie nicht von einer besonders hohen Ebene stammen verausgabt man sehr viel Energie. Fragen Sie sich: Ist es das wert?

Wenn Sie begreifen, dass jede Inspiration, die Sie channeln, auch Sie selbst beeinflussen wird, dürfte Ihnen klar sein, dass man Channeling sehr ernst nehmen sollte. Es ist weit mehr als ein Gesellschaftsspiel. Nur allzu oft versuchen Menschen zu channeln, um in andere hineinsehen zu können. Obwohl doch die eigentliche Aufgabe in unserem Leben ist, in uns selbst hineinzusehen, in unsere verborgenen Motive und Wünsche, und in die Rechtfertigungen, die wir für uns selbst und andere produzieren, wenn wir einen Fehler machen. Unsere Aufgabe ist es, wie die alten Griechen sagten, uns selbst zu erkennen. Richtiges Channeln kann uns gerade in dieser Hinsicht sehr helfen.

Am wichtigsten ist es, dass man die Gabe des Channelings nicht entwickelt, um Macht zu gewinnen, sondern um Liebe auszudrücken und in diesem Vorgang auch die eigene Liebesfähigkeit zu entwickeln. Nur wer andere selbstlos und ohne persönliches Interesse liebt, kann sie wirklich verstehen. Nur wenn er die Lieder, die er singt, aus ganzem Herzen geniesst, können sie ihren ganzen Wohlklang entfalten. Nur wer den anderen und die Gesundheit, die er ihm bringt, liebt, wird ihn wirklich heilen. Nur wer die Wahrheit liebt, während er unterrichtet, kann mit wahrer Weisheit sprechen.

Und nur wer das Licht liebt, ist in der Lage, ein Kanal für das Licht zu werden.

Kapitel 6

Wie man ein Channel wird

Die Kommentare von Paramhansa Yogananda zur Bhagavad Gita sind eine der tiefgründigsten spirituellen Abhandlungen, die ich je gelesen habe. Nachdem er sie vollendet hatte, sagte er mir, seine Methode des Schreibens habe darin bestanden, dass er sich auf die Seele von Byasa, dem Autor der Bhagavad Gita, eingestimmt habe.

„Ich bat ihn, mich als Kanal zu benutzen", erklärte er, „so dass alles, was ich über seine großen Schriften schrieb, seiner Absicht entsprechen würde."

Da ich oft anwesend war, während Yogananda dieses Werk diktierte, konnte ich seine Channeling-Methode gut beobachten. Er lehnte sich nicht zurück, schloss nicht die Augen und versank nicht im Unterbewusstsein. Der Zustand, in den er eintrat, war keineswegs bewusstlos, sondern weit mehr als das normale nach aussen gerichtete Bewusstsein des Menschen.

Er senkte die Augenlider, ging nach innen und blickte hinauf in das spirituelle Auge. An diesem Punkt brachte er seinen Geist zum Schweigen und wechselte rasch ins Überbewusstsein über. Und dann sprach er.

Ebenso verhielt er sich bei seinen Vorträgen, obwohl er Augenkontakt mit dem Publikum hatte und oft einzelne Menschen direkt anblickte, wenn er einen persönlichen Rat oder Trost an sie richtete. Wenn die Menschen ihm nach dem Vortrag Komplimente machten, erwiderte er mit vollkommener Aufrichtigkeit: „Gott hat es getan, nicht ich."

Vor dem Vortrag blieb er schweigend und in sich zurückgezogen, während er sich auf die höhere Führung einstimmte. Auch während des Vortrags war zu spüren, dass er immer einen Teil von sich selbst beiseite hielt und bewusst für das höhere Selbst öffnete, das durch ihn hindurchfloss. In solchen Augenblicken war er so inspiriert, dass selbst im Klang seiner Stimme die Seligkeit Gottes mitschwang.

Was ist der Unterschied zwischen dem höheren Selbst, das ich soeben erwähnte, und Gott? Im Grunde gibt es keinen Unterschied. Es ist der Gott in uns. Denn dieses höhere Selbst (higher Self, das man im Englischen immer mit einem grossen „S" schreibt) ist keine Sache wie das Ego, sondern einfach eine Öffnung ins Unendliche. Durch diese Öffnung strömt Gott in uns hinein.

Das niedrigere Selbst (lower self im englischen mit einem kleinen „s" geschriebene ist das Ego. Dieser Teil von uns ist wie ein mit Flecken und Farbklecksen übersätes Glasfenster, durch dessen Farben das unendliche Licht verändert wird, wenn es durch den Menschen scheint. Ein dichtes Ego-Bewußtsein wirkt wie Schmutz oder starke Pigmentierung auf dem Fenster. Je dichter das Ego, desto mehr werden sowohl die Farbe des Glases als auch das Licht dahinter verdunkelt. Je reiner das Ego andererseits, desto reiner auch seine Farbe und desto reiner das Licht, das durch es hindurch scheint. Wenn wir spirituell voranschreiten wollen, müssen wir zulassen, dass immer mehr Licht durch das Fenster unserer Egos scheint. Wenn dies geschieht, spricht man von Channeling.

Deshalb müssen wir uns beim Channeling nicht nach aussen strecken und suchen, sondern wir müssen uns vielmehr nach innen wenden. Vollkommenes Channeling geschieht dann, wenn das Fenster gar nicht mehr vorhanden ist, so wie das Ego verschwindet, wenn man vollkommene Erleuchtung erlangt. Sobald dies geschieht, kann das Sonnenlicht der göttlichen Gnade frei durch die Öffnung unseres Bewusstseins strömen, unverfärbt von menschlichen Vorurteilen oder anderen Mängeln.

Paramhansa Yogananda hat uns gelehrt, immer ein Bewusstsein innerer Erhobenheit und Einstimmung auf Gott zu bewahren, ganz gleich ob wir Vorträge hielten, schrieben oder anderen in irgendeiner anderen Form dienten. Ich habe festgestellt, dass man auf diese Weise nicht nur göttliche Inspiration weitergeben kann, sondern auch Informationen, die man noch gar nicht bewusst besitzt.

Als ich mein Buch „Your Sun Sign as a Spiritual Guide" schrieb, kam mir oft der verzweifelte Gedanke: „Ich habe mir mehr vorgenommen, als ich bewältigen kann!" Dann brachte ich meinen Geist zur Ruhe, konzentrierte ihn auf den Brennpunkt zwischen den Augen (das spirituelle Auge) und betete: „Gib mir die Antwort, die ich brauche."

Und die Antworten blieben nie aus. In zwei oder drei Fällen empfing ich dunkle Informationen, für die ich damals nirgends eine Erklärung finden konnte. Später aber fand ich sie von anderen Autoren bestätigt, die sagten, die Informationen seien sehr alten Schriften entnommen.

Auf diese Weise wuchs schliesslich das ganze Buch. Yogananda hat einmal in einem Buch das Wort „noil" verwendet. Daraufhin versicherten ihm seine Lektoren, diese Wort gebe es gar nicht, jedenfalls nicht so, wie er es verwendet hatte.

„Aber ich weiss, dass es existiert", gab er zur Antwort, „sonst wäre es ja nicht zu mir gekommen!" Er bestand darauf, dass sie auch in anderen Wörterbüchern nachschlugen.

Schliesslich fanden sie es in einem Wörterbuch, das bereits mehrere Jahrhunderte alt war! Man sollte nicht glauben, dass alles die vollkommene Wahrheit Gottes ist, was man sagt, während man sich nach bestem Wissen und Gewissen bemüht, als Kanal zu dienen auch nicht, wenn man alles tut, um nur gerade diese Wahrheit zu channeln. Vor vielen Jahren kam einmal eine Frau zu mir und beglückwünschte mich zu dem Vortrag, den ich gerade gehalten hatte.

„Gott hat es getan", erwiderte ich, um ihm die Ehre für all jenes in meinem Vortrag zu geben, was diese Frau inspiriert hatte. „Wirklich?!" rief sie verblüfft aus, als ob sie sagen wollte: „Sicher, Sie haben einen guten Vortrag gehalten, aber so gut war er nun auch wieder nicht."

Wir müssen die Wirklichkeit bestätigen, auf dass sie immer wirklicher werden möge. Je bewusster und williger jedoch ein Mensch Gott durch sich strömen lässt, desto vollkommener wird sein Channeling sein.

Es ist wichtig zu begreifen, welche Funktion der menschliche Wille beim Channeling innehat. Während eines meiner ersten Vorträge kam mir der Gedanke: „Wenn ich wirklich will, dass Gott meine Stimme benutzt, warum höre ich dann nicht einfach auf und lasse ihn weitermachen?" Zwei Minuten lang stand ich schweigend auf der Bühne. Versuchen Sie mal, eine so lange Pause einzulegen, wenn der ganze Saal voller irritierter Leute ist, die darauf warten, dass Sie weiterreden. Ein Freund von mir dachte, ich wäre vor Schreck erstarrt und wurde so nervös, dass ihm der Angstschweiss auf die Stirn trat. Schliesslich entschied ich, dass das Experiment lange genug gedauert hatte. Gott wollte mich offensichtlich nicht als passives Werkzeug benutzen. Also fuhr ich fort in meinem Vortrag und suchte während des Redens nach Inspiration, wie ich es auch bisher getan hatte.

Yogananda hat uns das folgende Gebet gelehrt: „Vater, ich werde denken, ich werde wollen, und ich werde handeln. Du aber leite mein Denken, mein Wollen und mein Handeln in allem auf dem richtigen Wege."

Er wollte damit sagen, dass die Führung oft dann kommt, während wir dieser Führung Ausdruck geben, und nicht immer vorher. Gerade indem wir sie ausdrücken, ziehen wir ihren Strom zu uns heran.

Übung macht den Meister. Das gilt für jede Kunst und ganz sicher auch für Channeling. Je mehr Sie aufrichtig versuchen, ein Kanal für göttliche Inspiration zu werden, desto klarer werden Sie spüren, dass Sie als Kanal benutzt werden.

Einmal schrieb ich die Musik für eine Dia-Show über Assisi und das Leben des Heiligen Franziskus. Ich dachte: „ Zu seiner Jugend, vor seiner Bekehrung, würde eigentlich eine einfache mittelalterlich klingende Melodie gut passen." Dummerweise aber kannte ich überhaupt keine mittelalterliche Musik. Ohne ein Vorbild, so meinte ich, konnte ich meine Idee nicht in die Tat umsetzen. Dann aber dachte ich: „Nein, wenn ich Ihn bitte, wird Gott mir helfen." Ich stand auf und ging ins Wohnzimmer, wo das Klavier steht. Plötzlich war es, als ob ein Engel auf meiner rechten Schulter sässe. Während der wenigen Schritte vom Arbeitszimmer zum Wohnzimmer stand die Melodie plötzlich klar vor meinem Geist. Jeder, der sie gehört hat, sagt, dass sie wirklich sehr mittelalterlich klingt. Manchmal geschieht Channeling ohne unseren bewussten Willen, besonders wenn wir einen klaren Begriff davon haben, was wir ausdrücken wollen. Einmal arbeitete ich an einer weiteren Dia-Show namens „Andere Welten" und suchte nach einer Melodie, die die menschliche Befindlichkeit mit all ihrer Traurigkeit und Freude, Sehnsucht und Furcht, Erfüllung und Enttäuschung ausdrücken würde. Das war eine schwierige Aufgabe, die zunächst meine Fähigkeiten zu übersteigen schien. Immer wieder schob ich den Zeitpunkt hinaus, an dem ich mich dieser Herausforderung stellen musste.

Eines Tages aber betete ich, dass diese Melodie von selbst zu mir kommen möge, setzte mich ans Klavier und liess die Finger frei über die Tasten gleiten, ohne sie mit bewusster Willensanstrengung zu kontrollieren. Unmittelbar darauf erschien ohne Mühe und ohne das geringste Zögern oder Herumklimpern die richtige Melodie. Ein zufällig anwesender Freund rief aus: „Mensch, das ist ja die ideale Melodie für deine neue Dia-Show ‚Andere Welten'. Da steckt alles drin, was du sagen willst."

Der bewusste Wille wird während des Channelings in der Tat manchmal übergangen, sobald man offen genug für die Führung ist, die man empfängt. Yogananda sagte mitunter über Dinge, die er getan hatte: „Ich wollte es nicht tun, aber Gott liess es mich tun." Wohlgemerkt, wenn er sagte, dass er es nicht tun wollte, meinte er nicht, dass er sich geweigert hätte, sondern nur, dass er nicht die bewusste Absicht hatte, es zu tun. Ein grosser

Meister wie Yogananda ist so sehr eins mit dem göttlichen Willen, dass es schwer zu sagen ist, ob er etwas tatsächlich beabsichtigt oder nicht. Da das Ego-Prinzip fehlt, geschehen in seiner Gegenwart selbst Wunder fast so, als ob überhaupt nichts dabei wäre. Ich erinnere mich, wie Yogananda vor vielen Jahren auf einer Gartenparty in Beverly Hills sprach. Normalerweise sind alle Reden bei solchen Anlässen locker und unverbindlich, vielleicht auch humorvoll, gehalten, um der Stimmung zu entsprechen. Zu unserer grossen Überraschung aber (und wohl auch zu seiner Überraschung) hatten die Worte, die aus ihm herausströmten, eine derart starke göttliche Kraft, wie ich es nie zuvor oder später wieder gehört habe. Die Kraft Gottes war anwesend und scherte sich nicht um die weltlichen Erwartungen der Menschen!

Jetzt fragen Sie sich vielleicht: „Wie kann ich meine eigenen Fähigkeiten entwickeln, um ein Channel zu werden?" Dazu ein paar Anregungen: Zunächst einmal sollten Sie Ihren Geist während des gesamten Zeitraums, in dem Sie als Channel dienen wollen, erhoben halten. Öffnen Sie sich nicht nur passiv. Meinen Sie nicht, dass echtes Channeling etwas Ähnliches ist wie automatisches Schreiben. Erheben Sie Ihr Bewusstsein zu freudiger innerer Erwartung.

Es wird hilfreich sein, wenn Sie sich besonders auf die oberen Chakren bzw. die medialen Zentren des Körpers konzentrieren. Spüren Sie in der Wirbelsäule auf Höhe des Herzens die Macht der intuitiven Liebe und lassen Sie sie nach oben ins Gehirn steigen.

Die Aufmerksamkeit des Gehirns sollten Sie auf den Punkt zwischen den Augenbrauen richten, jenes Zentrum, in dem das spirituelle Auge sitzt.

Das Zentrum des Egos im Körper ist die Medulla oblongata, welche an der Gehirnbasis sitzt. Man spürt leicht, ob die Energie eines Vortragenden auf sein Ego konzentriert ist, denn Spannungen im Bereich der Medulla oblongata lassen ihn den Kopf ruckartig hin und herwerfen, links, rechts, rückwärts, manchmal so heftig, dass er wie eine Marionette wirkt. Wenn Sie Vorträge halten oder mit irgendeiner Form kreativen Ausdrucks befasst sind, lassen Sie die Energie in der Medulla bewusst frei und lassen Sie sie nach vorn zu dem Punkt zwischen den Augenbrauen fliessen.

Wenn Sie Ihrer Inspiration stimmlichen Ausdruck verleihen, etwa indem Sie unterrichten, Vorträge halten oder singen, sollten Sie sich gleichzeitig im Kehlkopfzentrum konzentrieren, welches in der Wirbelsäule auf Höhe des Kelhkopfs liegt. Dies wird Ihnen helfen, geistige Weite zu bewahren, und Ihre Stimme voll Frieden und spiritueller Kraft schwingen lassen.

Bevor Sie irgendetwas sagen oder channeln, meditieren Sie tief. Bringen Sie die Gedanken zur Ruhe. Erheben Sie den ganzen Geist empor zu Gott und bitten Sie ihn um Führung und Inspiration.

Während des Channelings ist es auch hilfreich, wenn Sie sich, umgeben von einer Aura aus Licht, visualisieren. Erweitern Sie diese Aura von Ihrem Körper nach aussen, bis sie den ganzen Raum ausfüllt.

Zweitens müssen Sie der Inspiration nach außen hin Ausdruck verleihen. Wenn Sie sie in sich schlafen lassen, wird sie bald welken und absterben. Haben Sie keine Angst davor, dass das, was Sie sagen, lächerlich klingen könnte. Wenn es Ihnen zu unmöglich vorkommt, sagen Sie es den Bäumen und drängen Sie es nicht anderen Menschen auf!

Eines der wichtigsten Prinzipien kreativen Ausdrucks – welcher ja, richtig verstanden, nichts anderes ist als Channeling – besteht darin, zunächst die Ideen durch sich fliessen zu lassen, ohne sie auf ihren Wert hin zu prüfen. Damit löst man einen Energiestrom aus, der wiederum Magnetismus erzeugt, welcher dann echte Inspiration herbeizieht. Je stärker der Energiefluss, desto stärker auch der Magnetismus.

„Je stärker der Wille“, sagte Yogananda oft, „desto stärker ist auch der Energiefluss.“ Damit Channeling stattfinden kann, braucht man einen vollkommen positiven Strom von Willen und Energie und eine starke Erwartung, dass man die Inspiration empfangen wird, die man will.

Ein Beispiel für diese Praxis kann man in charismatischen Kirchen beobachten, in den „in Zungen geredet“ wird. Gläubige behaupten, dass sie dabei in fremden Sprachen channeln. Dagegen aber sprechen zwei vernünftige Einwände: Erstens haben die dabei benutzen Silben ein Muster, dass weitaus einfacher und weniger abwechslungsreich ist als normale Sprachmuster.

Zweitens würde sich Gott bestimmt nicht die Mühe machen, etwas zu Menschen zu sagen, die ihn gar nicht verstehen können. Dennoch hat diese Praxis der Glossalalie, wie der Fachausdruck lautet, einen spirituellen Wert.

Man könnte sie mit dem Ausdruck von Musik vergleichen, welche ja gewissermassen auch eine fremde Sprache ist. Zumindest können wir nur schwer mit Worten erklären, was die Musik uns sagt. Und dennoch fühlen wir, dass sie etwas ausdrückt. Ausserdem öffnen wir uns, indem wir uns musikalisch ausdrücken, für immer komplexere Formen musikalischen Ausdrucks – etwas, das nie geschehen wäre, wenn wir einfach verlegen geschwiegen hätten. Und wenn wir unsere Freude im Gesang herausströmen lassen, werden auch wir selbst noch mehr von Freude erfüllt.

Man sollte allerdings immer bedenken, dass das höhere Selbst, von dem wir sprachen, schwerlich sektiererische Wahrheiten weitergibt. Wenn Sie höchste Inspirationen ausdrücken wollen, dürfen Sie Ihre Gedanken nicht an engstirnige Definitionen fesseln, sonst sind Sie für die Inspiration blockiert bzw. nicht offen genug.

Das dritte, was Sie beachten müssen, wenn Sie Ihre Fähigkeiten als Channel entwickeln wollen, ist etwas, was sehr viele Menschen, die nach unzensierter Inspiration streben (darunter auch die, die in Zungen reden), anscheinend vergessen: die Bedeutung der Kommunikation.

Erst die Leistung der Kommunikation gibt der Inspiration Brennpunkt und Klarheit. Sie filtert nicht passende Inspirationen auf positive Weise heraus, indem sie sie kanalisiert anstatt ihren Fluss verneinend zu blockieren. Ideen werden nicht durch negative Gedanken wie „Das geht ja sowieso nicht!" missbilligt, sondern eher unterstützt: „Mal sehen, ob wir das nicht irgendwie hinkriegen."

Kommunikation kann Ihr bester Kritiker sein. Versuchen Sie einmal, anderen zu erklären, was Sie sagen wollen, dann werden Sie oft zweierlei Dinge erleben: Erstens sehen Sie, wo Sie falsch liegen; zweitens begreifen Sie plötzlich, was Sie tun können, um es zu korrigieren.

Wenn Sie mit anderen kommunizieren, sollten Sie versuchen, sie nicht nur von Bewusstsein zu Bewusstsein zu erreichen. Versuchen Sie, sich gleichzeitig auf Ihr eigenes höheres Selbst und auf das der anderen einzustimmen. Wenden Sie sich an die höchste Instanz der anderen. Dann werden Sie finden, dass Ihre Kommunikation mit ihnen wesentlich tiefer und klarer wird.

Bleiben Sie immer demütig. Denken Sie niemals: „Ich bin der Channel, also müssen die Menschen das, was ich sage, als vollkommene Wahrheit akzeptieren." Je mehr Sie so denken, desto weniger vollkommen werden Sie als Channel sein. Je mehr Sie jedoch demütig bleiben, desto freier werden die göttlichen Kräfte durch Sie fliessen können.

Demut ist keine Selbstverachtung, wohlgemerkt, sondern vollkommene Aufrichtigkeit gegenüber sich selbst. Ihre beste Gewähr beim Channeln wird immer vollkommene Wahrhaftigkeit sein.

Channeln Sie nie, um andere zu beeindrucken oder Macht über sie auszuüben, sondern betrachten Sie es immer und ausschliesslich als einen Dienst, den Sie ihnen leisten.

Denken Sie auch daran, dass die Schwingungen des Gechannelten wichtiger sind als die besondere Form, die die Inspiration annimmt. Vor allem aber bewahren Sie immer die Worte von Paramhansa Yogananda im Gedächtnis: „Das Werkzeug wird gesegnet durch das, was durch es hindurchfließt."

Ananda Wien

Ananda bedeutet „göttliche Freude", wie sie in der von Kriyananda geleiteten Weltbruderschafts-Kolonie nach dem Modell Yoganandas in Kalifornien praktisch gelebt wird. „Ananda Wien", das steht für „Freude in Wien" und ist der Name einer Initiative zur Gründung einer solchen selbsterhaltungsfähigen Gemeinschaft im deutschsprachigen Raum. Der SSE-Verlag und der SOLARIS-Yoga-Kreis sind die Keimzelle.

Daraus soll später einmal eine spirituelle Gemeinschaft wachsen. Schreiben Sie uns, wenn Sie diese Idee aufgreifen wollen, sei es als Ratgeber, Förderer, künftiger Gast oder potentielles Mitglied. Wir schicken Ihnen auch gerne eine Liste mit den bei uns lieferbaren Büchern und Kassetten von Paramahansa Yogananda und Swami Kriyananda.

Verlagsanschrift:

SOLARIS Spirituelle Edition
Ober-Laaer Str. 78
A-1100 Wien • Austria/Europe
Homepage: http://www.telecom.at/solaris
Email: solaris@telecom.at

Seit 2001 gibt es den SOLARIS-Yoga-Kreis, einen Meditations- und Yogakreis, der sich vor allem mit KRIYA-Yoga beschäftigt und sich regelmäßig einmal in der Woche trifft. Der Meditationskreis wird geleitet von Yogalehrer Sundara. Seine Vision ist es, aus dem

Yoga-Kreis zukünftig eine Yoga-Gemeinschaft „Ananda Wien" zu bilden. Grundlage hierfür ist der Auftrag von Paramahansa Yogananda, dem Satguru von Yogi Sundara.

In seinen letzten Erdenjahren sprach der große Lehrer Paramahansa Yogananda wiederholt und mit Nachdruck von einem Plan, der nach seiner Aussage dazu bestimmt ist, ein grundlegendes soziales Modell für das Neue Zeitalter zu werden: die Bildung von idealistischen Gemeinschaften. „Der Tag wird kommen", sagte er voraus, „wo diese Idee sich wie ein Lauffeuer über die Welt verbreitet. Kommt zusammen, alle Menschen mit gemeinsamen hohen Idealen. Legt eure Geldmittel zusammen. Kauft Ackerland. Ein einfaches Leben wird euch inneren Frieden bringen. Harmonie mit der Natur wird euch ein Glück schenken, das wenige Stadtmenschen kennen. In Gesellschaft anderer Wahrheitssucher wird es für euch einfacher sein, zu meditieren und an Gott zu denken."

Yogananda hatte immer alle Devotes sehr ermuntert, sich mit Gleichgesinnten zu Satsang (das Zusammensein mit Gottsuchenden) und Meditation zu treffen. Er sah Satsang als starke Hilfe an, um den oft wenig förderlichen Einflüssen unserer Umwelt eine positive Kraft entgegenzusetzen. Viele von uns haben die Erfahrung machen können, wie viel einfacher es oft ist, tief einzutauchen, wenn man mit anderen zusammen meditiert und wie schön die Freundschaften sind, die auf einer spirituellen Ebene basieren.

Die erste Ananda-Gemeinschaft, „Ananda Village", wurde von Swami Kriyananda, einem direkten Schüler Yoganandas, 1968 gegründet. Inzwischen gibt es einige Gemeinschaften in den

USA, eine größere Gemeinschaft in der Nähe des mittelitalienischen Assisi und einige kleinere Anfänge für Gemeinschaften und viele Meditationsgruppen, die durch Ananda ins Leben gerufen wurden, weltweit.

Grundlage von Ananda sind die Lehren Yoganandas, der nicht nur die grundlegenden gleichen Wahrheiten aufzeigte, die in allen Religionen zu finden (aber in vielen davon verdrängt, unterdrückt oder vergessen) sind, sondern darüber hinaus die uralte, fast vergessene Technik des Kriya-Yoga in den Westen brachte, um den Menschen Methoden zu geben, die zu den Erfahrungen dieser Wahrheiten führen. Kriyananda verwirklichte mit der Gründung von Ananda Yoganandas Ideal eines einfachen Lebens mit hohen geistigen Grundsätzen.

Die Gemeinschaft „Ananda Assisi„ in Italien:
http://www.ananda.it/de/index.html

„...... für ihn, wie für viele andere Menschen, die er bei den Aufenthalten dort und durch Gruppen in Deutschland kennen gelernt hat, ist die Begegnung mit Ananda und den dort gelehrten und gelebten Lehren einer der wichtigsten Momente des Lebens gewesen. Für viele Menschen ist es eine der transformierendsten Erfahrungen ihres Lebens, die hier kaum wiedergegeben werden kann."

J. Donald Walters

Er wurde 1948 Schüler von Yogananda und verbrachte dessen letzte Lebensjahre mit ihm. Er ist einer der wenigen noch lebenden direkten Schüler Yoganandas und der einzige, der in Europa lebt und lehrt. J. Donald Walters ist der Gründer von sechs Lebensgemeinschaften in Amerika und Europa. Er ist ein anerkannter spiritueller Lehrer und hat viele Tausende von Suchenden in den Praktiken und Prinzipien des Kriya-Yoga unterwiesen. Als Autor von über siebzig Büchern und Hunderten von Musikstücken ist er international als Schriftsteller und Komponist bekannt.

J. Donald Walters wohnt in „Ananda Assisi" und widmet einen Großteil seiner Zeit dem Verfassen weiterer Bücher. Manchmal hält er am Samstagnachmittag einen Vortrag und leitet das „Fest des Lichts" am Sonntagmorgen.

Weitere ANANDA-Meditationsgruppen im deutschsprachigen Raum:

Österreich

Wien	Yogi Sundara, +43-1-689 75 66 12 • solaris@telecom.at

Deutschland

Arnsberg	Marianne Welke +49-2931-14616
Augsburg	Stephan Petrowitsch +49-821-461693E • ps2@a-city.de
Darmstadt	Horst Raatz +49-6151-782304 • horst.raatz@t-online.de

Hamburg	Dorothea Greve +49-40-6773490 • shevele@gmx.de
Kranzberg	Gerdi Gerlach +49-8166-7506E • herbert.bobinger@a-city.de
Norddeutschland	
	Maria & Daniel Schilling +49-421-624395 E • dbsdbs@t-online.de
Windsbach	Barbara vom Baur +49-9871-678922 • BvBaur@web.de
Zell i.W.	Günther & Gabi Kautsch +49-7625-1569 E • Kautsch@t-online.de

Schweiz

Bellinzona	Rita Gianetta +41-91-8256456E,
Locarno	Simone & Peter Treichler +41-91-7521980 • info@alcardellino.ch
Lugano	Paola Luchetti +41-91-9711443E oder 9239651 anandalugano@swissact.com
Zumikon	Regine & Raffael Schenker +41-1-9181474 • rschenker@bluewin.ch

Nach langjähriger Schülerschaft wurde Yogi Sundara von Guru Ananda eingeweiht und von Guru Vayu zum Lehren beauftragt. In ihm ist die Kraft und der Segen der Yoga-Meisterlinie lebendig. Er leitet das spirituelle Zentrum SOLARIS mit Sitz in Wien und lehrt den RAJA(Kriya)-Yoga aus idealistischen Gründen, ohne damit Geld verdienen zu wollen. Die Teilnahme an den wöchentlichen Meditation-Stunden ist nicht öffentlich und unentgeltlich.

SOLARIS Yoga-Kreis

Privater Meditationskreis

Ort, Kosten: Die Yogaunterweisung ist gratis und erfolgt in einem Ashram in Wien (Vienna, Austria)
Email: solaris@telecom.at

Zeit: Jeden Donnerstag, $18.^{00}$ bis $19.^{30}$ Uhr, Aufnahmen sind jederzeit möglich, Anmeldung erforderlich.

Sinn der Yogaunterweisung: In unserem Beisammensein fördern wir unseren inneren Fortschritt durch Meditation (Yoga), Erfahrungsaustausch und Anregungen. Im Mittelpunkt steht eine, in das Leben integrierte, seelische und spirituelle Entwicklung.

Meditationsleitung: Yogalehrer Sundara (Schüler von Guru Ananda und Guru Vayu führt seit Anfang des Jahres 2001 einen Meditations- und Yoga Kreis. In seinem Kreis kann er über 23 Jahre Meditationserfahrung einbringen. Der Yoga Kreis ist klein. Es gibt Neulinge (Dreiecksschüler), Mandala (Kreis)-Schüler und Yogis.

Ziel der Unterweisung ist es, den Yoga in der heutigen Zeit an interessierte Menschen weiterzugeben. Es ist ein Meditations- und Yoga-Kreis, der sich vor allem mit Raja-(Kriya)-Yoga beschäftigt und sich regelmäßig einmal in der Woche trifft.

Yogi Sundara, Yoga-Lehrer
SOLARIS Yoga-Kreis
Vienna, Austria – Europe

Ashram Ananda

Die Geschichte der Yoga-Gemeinschaft ANANDA

Die Gurulinie: Der Ursprung des Ashrams (Yogagemeinschaft) leitet sich von Sri Ramakrishna (ein indischer Yogi und Heiliger aus dem vorigen Jahrhundert) her und besteht in Wien seit ca. 1948, wo er von Guru Ananda gegründet und geleitet wurde.

Guru Ananda wurde 1902 geboren und stammte aus einer polnischen, chassidischen Familie und war, hiervon geprägt, sehr religiös. In den Yoga wurde sie von Guru Swami Vayuananda, eingewiesen, der in Indien in einem Ramakrishna-Ashram aufwuchs. Guru Vayuananda hatte einen hohen Verwirklichungsgrad. Er sammelte um sich einen Kreis von 10 Schülern, die er zunächst in Deutschland, Anfang der dreißiger Jahre (Hamburg) unterwies.

Als das politische Klima sich verschlechterte (sein Vater war Jude, seine Mutter Inderin), wanderte er mit seinen Schülern in die Tschechei aus (Prag). Dort holte ihn und seine Schüler, Jahre später, das politische Geschehen ein. Einige der Yogis starben als deutsche Soldaten an der Front, andere im KZ. Auch Guru Vayuananda, der versuchte nach Holland zu fliehen, starb im KZ.

Guru Ananda überlebte als einzige (wurde als Vierteljüdin eingestuft und war mit einem Arier verheiratet). Zum Kriegsende mußte sie zusammen mit ihrem Mann, dem Maler R.R. Ballabene, aus der Tschechei fliehen, da für die Tschechen beide als Deutsche galten.

In Wien leitete Guru Ananda eine kleine Yogagemeinschaft. 1964 wurde ich von ihr als Schüler aufgenommen. Nach etwa vier Jahren, wurde ich von meinem Yogalehrer adoptiert und es folgten für uns gemeinsam viele Jahre aktiver Yogatätigkeit (ich arbeitete aus diesem Grund nur halbtags, um ab Nachmittag für den Yoga in Gesprächen und Vorbereitungen präsent zu sein). 1985 wandelte sich Guru Ananda.

Guru Vayu führte nach dem Heimgang von Guru Ananda den Ashram weiter.

„Ich wurde 1937 in Wien geboren. Nach der Matura war ich 5 Jahre im Ausland (Deutschland, Holland, Frankreich). Aalsmeer wurde hierbei durch einige Zeit meine Wahlheimat, denn ich liebte den Ort und die Menschen und hatte auch dort viele Freunde, während mir Österreich immer mehr und mehr entfremdet war.

Wieder in Wien zurück fand ich dort meinen Guru, der mich durch 20 Jahre im Yoga als seinen Nachfolger ausbildete.

Von Anfang an stand ich im Yoga unter einem besonderen Schutz: Guru Ananda, mein Guru, hatte kurz vor meinem Kommen eine Sicht (Erscheinung eines jenseitigen Gurus), in welcher ihr mitgeteilt wurde, daß ein ‚Wiedergekommener Schüler' in kurzer Zeit in den Ashram (Yogagemeinschaft) kommen würde. Das war ich, wie sich sehr bald heraus stellte, was für mich einen besonderen Schutz bedeutete - wurde nur vom Guru unterwiesen und von diesem besonders gefördert, konnte nicht vom Lehrschüler verabschiedet werden (was sonst sehr häufig der Fall war, denn die Yogaunterweisung war gratis und auf idealistischer Basis). Ein halbes Jahr nach meinem Eintritt zog ich zu meinem Guru Ananda (hatte vorher nur eine 25 m^2 große Zimmer/Küche- Wohnung) und wurde von meinem Guru 2 Jahre später adoptiert. Der Ashram, in dem ich Anfangs als Assistent meines Gurus, später selbstständig als Lehrer und Guru wirkte, hatte sehr viele Yogaschüler, zeitweise bis zu 200 Chelas.

Meine außerkörperlichen Erfahrungen begannen 3 Monate nachdem ich im Yoga war: während einer Astralwanderung führte mich der jenseitige Guru St. den Mitgliedern des jenseitigen Teiles des Ashrams (Aruna Sangha) vor. Einen Monat später begegnete ich in einer Astralwanderung meinem Satguru, der mich schon durch lange Zeit leitet und führt. Er ist meine Heimat und meine Sehnsucht.

Die Fähigkeit willentlich den Körper zu verlassen erwarb ich nach einem Jahr Yoga. Meditationen, energetische Übungen und Tiefentspannung ebneten den Weg hierzu. Mittlerweile hatte ich viele hundert Astralreisen und wenn man auch die kurzen Körperaustritte dazu zählt (es gab auch längere), die oft nur 1/2 bis 1 Minute dauerten, dann waren es mehr als 2000 OBEs (AKEs). Nach wie vor gibt es Perioden wo die willentlichen OBE's leicht zustande kommen und gibt es Zeiten, in denen sie schier unmöglich sind."

Nach langjähriger Schülerschaft wurde Yogi Sundara von Guru Ananda eingeweiht und von Guru Vayu zum Lehren beauftragt.

In ihm ist die Kraft und der Segen der Yoga-Meisterlinie lebendig. Er leitet das spirituelle Zentrum SOLARIS mit Sitz in Wien und lehrt den RAJA-Yoga aus idealistischen Gründen, ohne damit Geld verdienen zu wollen. Die Teilnahme an den wöchentlichen Meditation-Stunden ist nicht öffentlich und unentgeltlich.

VERLAGSVERZEICHNIS 2003

SSE SOLARIS Sonder Edition
ist eine Division der LAST & CO

SOLARIS SONDER EDITION • PIONIERE DER LÜFTE

SOLARIS SPIRITUELLE EDITION

SSE SOLARIS Spirituelle Edition
ist eine Division der LAST & CO

Email: solaris@telecom.at
Homepage: www.telecom.at/solaris

Das Thomas-Evangelium

Die unbekannten Worte des Apostel Thomas

Sundara

Ausgehend von den unbekannten Aufzeichnungen des Hl. Apostel Thomas (Didymus) spannt das Buch eine Brücke zu den östlichen Weisheitslehren des Raja-Yoga, wie er von dem bekannten Yogi und Heiligen Paramahansa Yogananda gelehrt wurde. Yogi Sundara hat aus den Schriften des Neuen Testaments die wichtigsten Passagen herausgenommen und in einen verständlichen Zusammenhang gebracht. Er leitet das spirituelle Zentrum SOLARIS in Wien, Österreich und lehrt den authentischen RAJA-Yoga in der Linie von Sri Ramakrishna und Paramahansa Yogananda. Die Teilnahme an den privaten Yoga- und Meditationsstunden ist gratis und für jedermann zugänglich, der bereit ist die Lehre der Selbst- oder Gottesverwirklichung in seinem eigenen Leben zu erlernen.Die Person Jesus Christus als Ausgangspunkt des Evangeliums (Frohe Botschaft) von der Liebe Gottes zu uns Menschen begleitet uns auf unserem Weg zur Gotteskindschaft und zur Befreiung aus dem Kreislauf der Wiedergeburten.

Gewidmet allen Suchern die nach dem Sinn des Lebens fragen oder sich fragen „Wer bin ich"? *Geschrieben im Jahr des Herrn, 2003 zu Wien, Österreich (Sundara)*

Nach langjähriger Schülerschaft wurde Yogi Sundara von Guru Ananda eingeweiht und von Guru Vayu zum Lehren beauftragt. In ihm ist die Kraft und der Segen der Yoga-Meisterlinie lebendig. Er leitet das spirituelle Zentrum SOLARIS mit Sitz in Wien und lehrt den RAJA-Yoga aus idealistischen Gründen, ohne damit Geld verdienen zu wollen. Die Teilnahme an den wöchentlichen Meditation-Stunden ist nicht öffentlich und unentgeltlich.

Format 155 x 230 mm • 144 Seiten • Klebebindung • broschiert mit 28 Schwarz-Weiß-Abbildungen

ISBN 3-901 975-18-7 • Preis: € 13,90

Der stille Beobachter

Vom Ich zum N-*ICH*-ts

Wilfried

Wilfried sieht sich als geistiger Schüler von *Sri Nisargadatta Maharaj* und beschreibt seinen Weg an die Schwelle zur absoluten Realität. Dieses Buch erläutert die Funktionsweise der „Ich"-Identifikation und zeigt uns über den Weg der Rücknahme, die Möglichkeit der „Selbst-Entzauberung".

Der stille Beobachter ist jene Präsenz, die an der Schwelle zur wahren Realität – unserem ICH – steht. Solange wir eine vollständige Identifikation mit unserem Ich leben, ist eine autonome Wahrnehmung des Beobachters nicht möglich. Die virtuelle Welt der Objekte, damit sind nicht nur stoffliche, angreifbare Objekte gemeint, sondern von der materiellen Ebene, über die Ebene der Emotionen bis hin zur Gedankensphäre und letztendlich auch unser Ich, ist ständig in Bewegung und Veränderung. Ein Festhalten an diese Wahrnehmung erzeugt in uns das Leid und die Berührung mit unserer wahren Realität – unserem ICH – ruft Angst hervor.

So ist der scheinbar endlose Kreis im konzeptualisieren vorgezeichnet und die „ewige" Suche nach der Wahrheit – der absoluten Realität – beginnt und findet keine Lösung. Durch Rücknahme und Auflösung der Identifikation mit den Objekten, erfahren wir unseren stillen Beobachter, in dem wir uns bei fortschreitender Absicht mehr und mehr fokussieren.

Format 135 x 215 mm • 140 Seiten • Klebebindung • broschiert

ISBN 3-901 975-17-9 • Preis: € 13,90

BesINNung • Band 1

Wegweiser zum spirituellen Leben

Format 155 x 220 mm •
200 Seiten mit vielen Abbildungen, brosch.

Yogi Sundara

Spirituelle Texte zum Nachdenken und Diskutieren In diesem Buch geht es um den Sinn und das Ziel des Lebens. Die Einheit der Religionen und der Weg zu Gott wird mit Hilfe der Wissenschaft des Yoga beschrieben.

ISBN 3-901 975-10-1 • Preis: € 20,90

BeSINNung • Band 2

Gedanken und Betrachtungen zum täglichen Leben

Paperback • Klebebindung •
Format 155 x 220 mm •
112 Seiten mit vielen Abbildungen.

M-L. Strauß, A. Zeller

Spirituelle Texte zum Nachdenken und Meditieren. Aus dem Inhalt: Habt Acht auf Gottes Welt • Zum Nachdenken • Mit vielen Stimmen rufst Du uns Glück, etc.

ISBN 3-901 975-12-8 • Preis: € 9,90

BeSINNung • Band 3

**Selbstverwirklichung,
Selbstgestaltung,
Yoga**

Format 155 x 220 mm •
190 Seiten mit vielen Abbildungen

Yogi Sundara

Auszug aus den Themen dieses Buches: Selbstverwirklichung • Selbstgestaltung • Yoga • Heilige und Satgurus • Die Lehre vom Karma • Der Kreislauf der Wiedergeburt • Gleichnisse, Legenden und Märchen • Fragen und Antworten • Spirituelle Texte div. Autoren und Leseproben aus verschiedenen Büchern.

ISBN 3-901 975-15-2 • Preis: € 20,90

Unwandelbare Umwandlung

Format: 160 x 230 mm • Umschlag 4farbig •
88 Seiten Kern einfarbig • Klebebindung

Elfi Redl-Viel

Träumerische Gedanken über die göttliche Kraft, menschliche Liebe und spirituelle Entfaltung. Ein mystisches Buch und ein Leitfaden zur Selbstverwirklichung.

ISBN 3-901 975-09-8 • Preis: € 10,90

Ein Yogi aus dem Westen

Swami Vayuananda

Autor: A. Ballabene (Guru Vayu)

Zumeist wird Yoga entweder exotisch verbrämt oder als Sekte abgestempelt. Echter, geistiger Yoga lässt sich jedoch durchaus mit unserer abendländischen Mentalität und Lebensweise verbinden. Uns Abendländern kann er das Leben mit neuen Erfahrungen bereichern, welche nicht von der schalen Vergänglichkeit üblicher Unterhaltung gekennzeichnet sind.

Taschenbuch • 4 Seiten Umschlag • 80 Seiten Kern • Klebebindung • Format 120 x 170 mm

ISBN 3-901 975-07-1 • Preis: € 8,50

NEUERSCHEINUNG

Abra Kadabra

Simsala (Bim) Grimm • Band 1

Die Märchen der Gebrüder Grimm
im Originalwortlaut, bekannt aus der
Zeichentrickserie „Simsala-Grimm"

SSE-Verlag

Märchen faszinieren Kinder wie Erwachsene. Was aber steckt wirklich hinter den Märchenprinzen, -fröschen und -wölfen? Und wie beeinflussen Aschenputtel & Co heute unsere Kinder?

Als Antwort auf die Märcheninhalte der Volksmärchen wurden Kunstmärchen geschrieben. Diese „gereinigten" Märchen, die eine heile Welt vorgaukeln, haben sich aber nie richtig durchsetzen können und scheinen auch nicht die gleiche Faszination für Kinder zu besitzen, wie sie immer noch von den Kinder- und Hausmärchen ausgeht. Es ist auch fraglich, ob wir unseren Kindern tatsächlich etwas Gutes tun, indem wir ihnen die dunklen Seiten des Lebens völlig verschweigen.

So finden sich im ersten Band von Abra Kadabra nachfolgende Märchen im Originalwortlaut: Frau Holle • Der Wolf und die sieben Geißlein • Der Däumling • Das tapfere Schneiderlein • König Drosselbart • Der Teufel mit den drei goldenen Haaren • Die sechs Diener • Von einem, der auszog, das Fürchten zu lernen • Der Froschkönig • Die Kristallkugel • Aschenputtel (Cinderella) • Dornröschen • Das blaue Licht • Brüderchen und Schwesterchen

Im zweiten Band von Abra Kadabra werden die folgenden Märchen, gleichfalls im Originalwortlaut, veröffentlicht: Hänsel und Gretel • Rapunzel • Der gestiefelte Kater • Rumpelstilzchen • Die Bremer Stadtmusikanten • Rotkäppchen • Die sechs Schwäne • Schneewittchen und die sieben Zwerge • Der treue Johannes • Die Gänsemagd • Der Meisterdieb • Der Goldesel • Die Gänsehirtin am Brunnen

Format 155 x 220 mm • 144 Seiten mit vielen Abbildungen, brosch.

ISBN 3-901 975-19-5 • Preis: € 9,90

NEUERSCHEINUNG

Abra Kadabra

Simsala (Bim) Grimm • Band 2

Die Märchen der Gebrüder Grimm
im Originalwortlaut, bekannt aus der
Zeichentrickserie „Simsala-Grimm"

SSE-Verlag

Märchen faszinieren Kinder wie Erwachsene. Was aber steckt wirklich hinter den Märchenprinzen, -fröschen und -wölfen? Und wie beeinflussen Aschenputtel & Co heute unsere Kinder?
Als Antwort auf die Märcheninhalte der Volksmärchen wurden Kunstmärchen geschrieben. Diese „gereinigten" Märchen, die eine heile Welt vorgaukeln, haben sich aber nie richtig durchsetzen können und scheinen auch nicht die gleiche Faszination für Kinder zu besitzen, wie sie immer noch von den Kinder- und Hausmärchen ausgeht. Es ist auch fraglich, ob wir unseren Kindern tatsächlich etwas Gutes tun, indem wir ihnen die dunklen Seiten des Lebens völlig verschweigen.
So finden sich im zweiten Band von Abra Kadabra nachfolgende Märchen im Originalwortlaut: Hänsel und Gretel • Rapunzel • Der gestiefelte Kater • Rumpelstilzchen • Die Bremer Stadtmusikanten • Rotkäppchen • Die sechs Schwäne • Schneewittchen und die sieben Zwerge • Der treue Johannes • Die Gänsemagd • Der Meisterdieb • Der Goldesel • Die Gänsehirtin am Brunnen

Format 155 x 220 mm • 144 Seiten mit vielen Abbildungen, brosch.

ISBN 3-901 975-20-9 • Preis: € 9,90

Gesprochene Märchen

Die Märchen aus Band 1 und Band 2 von Abra Kadabra gibt es zusätzlich auch auf Audio-CD zum Zuhören.

Audio-CD Teil 1:

Aschenputtel
Der Wolf und die sieben Geißlein
Rapunzel
Rumpelstilzchen
Rotkäppchen
Dornröschen
Das tapfere Schneiderlein
Froschkönig

Einzelpreis: **€** 4,00

Audio-CD Teil 2:

Die Bremer Stadtmusikanten
Hänsel und Gretel
Rapunzel
Rumpelstilzchen
Rotkäppchen

Einzelpreis: **€** 3,00

PAKETPREIS: Audio-CD Teil 1+2 € 6,00

Preise inklusive Mehrwertsteuer, exklusive Versand- und Portospesen.

Roswitha

M.L. Strauß

ISBN 3-901975-00-4

Rolando

M.L. Strauß

ISBN 3-901 975-01-2

Die beiden Bilderbücher für Kinder erzählen je 12 Geschichten in einer Bubenausgabe von Rolando und einer Mädchenfassung von Roswitha. Da die Kinder die Sprache der Tiere und Pflanzen verstehen, erleben sie einzigartige Momente und erfahren ein besseres Verständnis für die Natur und deren Bedürfnisse.

Bilderbuch für Kinder ab 6 Jahre im Format: 155 x 220 cm • Klebebindung • je 12 ganzseitige Schwarzweiß-Abbildungen

Preis pro Buch: € 8,90

NEU ❍ Ihr Kind als Hauptperson der Erzählungen • Name bei der Bestellung bitte unbedingt angeben!
Das Buch Roswitha oder Rolando personalisiert für Ihr Kind mit je 12 ganzseitigen Farbbildern

Mächenausgabe: ISBN 3-901 975-06-8 • Preis: € 24,50
Bubenausgabe: ISBN 3-901 975-05-X • Preis: € 24,50

Thermi deus Schwefelbert

Arbeitsbuch mit Audio-CD-ROM

Ein Buch von Kindern für Kinder!

Die Kinder finden am Liesingbach ein Monsterchen und nun beginnt eine abenteuerliche Reise ...

Das Thermenmonster zeigt, wie viel Spaß Lernen machen kann: Im Buch wird Oberlaa und seine Umgebung mit den Sehenswürdigkeiten, dem Liesingbach und der Therme Oberlaa beschrieben.

Auszug aus dem Inhalt:
Abbildungen der Kinder der VS Oberlaa • Entstehungsgeschichte (Beschreibungen und Namensfindung von Thermideus Schwefelbert) • Steckbriefe (12. Kapitel): Ein seltsamer Fund • Eine unruhige Nacht • In der Schule • Der vergiftete Brunnen • E-Mail mit Folgen • Seltsame Besucher auf der Galerie • Badespaß im Thermalbad • Die geheimnisvollen Unbekannten • Eine wichtige Entdeckung • Lesenacht • Verbrecher auf frischer Tat ertappt • Das große Fest; Film (Film ab, Kamera läuft ...) • Entdeckungsreisen (Die Kinder entdecken Oberlaa) • Allerlei (Liedtexte, Bastelanleitung, Chants und Rätsel)

Buch und Musik-CD: Das Buch hat 64 Seiten, ist durchgehend schwarzweiß, mit vielen von den Kindern selbst angefertigten Zeichnungen und einer Anzahl von Fotos sowie eine Bastelanleitung und ein Rätsel. Der Umschlag ist vierfarbig, Klebebindung, Format 19 x 27 cm.

Das gesamte Projekt umfasst neben dem vorgestellten Arbeitsbuch mit Musik-CD auch noch ein Sagenbuch und ein Video.

ISBN: 3-901 971-23-8 • Preis € 12,00

D E M N Ä C H S T

Was koche ich heute?

Köstlichkeiten gesammelt von der VS Oberlaa

VS Oberlaa

„Man sagt Hunger ist der beste Koch" und eines fehlt dann meistens doch: Ein Buch mit vielen und guten Ideen macht alles leichter, Sie werden sehen! Holen Sie sich die gesammelten Köstlichkeiten der VS Oberlaa in Ihre Küche! Ein besonderes Merkmal dieser Schule ist neben dem „dörflichen Charakter" ihrer Umgebung das große Interesse der Eltern und anderer Familienangehöriger am Unterrichtsgeschehen und die stark ausgeprägte Bereitschaft zur Mitarbeit.

So ist die Idee zur Rezeptesammlung der Köstlichkeiten entstanden. Vielen Dank für die gute Zusammenarbeit!

Format 155 x 220 mm

Voraussichtlicher Erscheinungstermin: Jahreswechsel 2003/2004

SSE SOLARIS
Sonder Edition

SOLARIS SONDER EDITION • PIONIERE DER LÜFTE

Mein Flug um die Welt

Tagebuch eines Alleinfluges um die Welt im selbstgebauten Flugzeug

Hans Gutmann

Hans Gutmann ist der erste und bisher einzige Europäer, der in einem selbstgebauten Flugzeug die Erde umrundete. Ing. Johann Gutmann begann am 11. Dez. 1989 sein Flugzeug, eine Glasair IIS-RG, zu bauen, für die er nach harter Arbeit am 8. Sept. 1995 die Erprobungsbewilligung für Sichtflüge bei Tag erhielt. Schließlich startete er am 15. August 1996 in Wels zum Alleinflug um die Welt im selbstgebauten Flugzeug. Die Abenteuer von Hans Gutmann können Sie in diesem Buch miterleben. Das Buch ist mit zahlreichen Aufnahmen des Autors, die er während seines Alleinfluges aufgenommen hat, dokumentiert.

Insgesamt flog Ing. Johann Gutmann 167 Stunden für diese Reise und landete 30 Mal auf den verschiedensten Plätzen der Welt.

Neben den Tagesberichten (15. August bis 12. Oktober 1996 – jeder Streckenabschnitt ist in einem eigenen Kapitel zusammengefaßt) beinhaltet das Buch jeweils ein Kapitel über den Flugzeugbau, die technischen Daten, die Flugvorbereitung und eine kurze Vorgeschichte. Am Ende des Buches kann man auch nachlesen, was alles notwendig ist, um eine solche Pioniertat erfolgreich abschließen zu können.

Das Buch hat 224 Seiten, ist durchgehend vierfarbig und mit mehr als 220 Abbildungen und Plänen der jeweiligen Tagesroute illustriert. Format 22 x 24 cm; Hartcover.

ISBN 3-901 971-19-X • € 20,00

Freier Fall ins ewige Eis

Zwei Polexpeditionen mit dem Fallschirm

Ernst Zinnhobler

Ernst Zinnhobler ist der erste und bisher einzige Österreicher, der über beiden Polen mit dem Fallschirm absprang.

Als Ernst Zinnhobler den Bericht über eine geplante Nordpolexpedition in einem Fallschirmmagazin las, dachte er zunächst: „Das ist unmöglich. Ein Absprung aus einem Riesenjet in 4000 m Höhe über Grund bei etwa –50 °C. Das kann doch kein Mensch aushalten." Er konnte es aushalten. Und das gleich zweimal. Dieses Buch beschreibt die Eindrücke und Erlebnisse zweier Polexpeditionen: Die Nordpolexpedition im April 1996 und die Südpolexpedition zum Millenniumswechsel am 1. Jänner 2000. Neben den beiden Polexpeditionen beinhaltet das Buch auch den Antarktis-Vertrag sowie die Geschichte des Fallschirmspringens.

Das Buch hat 200 Seiten und ist mit mehr als sechzig Schwarzweißfotos und Plänen illustriert. Im Mittelaufschlag finden sich 24 Seiten im Vierfarbdruck. Format 22 x 24 cm; Hartcover.

ISBN 3-901 971-22-X • € 20,00

Hinfallen ist keine Schande

Hinterher hätten es alle besser gewusst und richtig gemacht

Herbert Fitzek

Für die, die nie aufgeben, ist dieses Buch geschrieben worden. In diesem Stadium eines Unternehmens oder Unternehmerlebens wogen die Gedanken dieses Buches. Es gibt Managementhandbücher die lehren, wie man – sogar unter Verwendung von Fehlentscheidungen – alles richtig macht.

Auch Sie, der Leser dieses Buches, sollten eigentlich all diese Erfolgsbücher gelesen haben. Haben Sie es nicht getan, oder die dortigen Lehren nicht befolgt, oder hat das alles nichts genützt, dann bekommen Sie Ärger. Oder Sie haben ihn schon. Und wenn Sie ihn haben, dann will niemand mehr mit Ihnen reden. Auch Lehrbücher, die Ihnen den Mißerfolg wieder wegnehmen, gibt es keine mehr. Vom Strafgesetzbuch abgesehen.In diesem Fall wurde der Versuch unternommen, Ihnen nicht „Wege zum Erfolg", sondern Möglichkeiten zur Bewältigung von Mißerfolg zu zeigen. Der Autor schöpft aus einem 35jährigen Berufsleben als Unternehmer und aus 20 Jahren Tätigkeit als Unternehmens-Berater. Die Anlässe, Sektpfropfen knallen zu lassen, weil es Erfolg zu feiern gab, hielten sich mit der Zahl der Anlässe, Mißerfolgserlebnisse zu akzeptieren und zu bewältigen, schwach die Waage. Wirklich erfolgreich sind jene, denen es gelingt, aus Niederlagen schließlich Siege zu machen.

Format 120 x 190 mm • 116 Seiten

ISBN 3-901 975-13-6 • € 18,50

(R)Unternehmer

Oder,
wenn die roten Zahlen leuchten,
hüte Dich vor falschen
Geschäftspartnern

Herbert Fitzek

In dieser Erzählung wird eine wesentliche Wegstrecke eines eher kleinen Privatunternehmens geschildert, das durch eine mit positiver Naivität und zu wenig betriebswirtschaftlichen Kenntnissen ausgestattete Führung nach hoffnungsvollem Start immer wieder in die roten Zahlen kommt. Die Führungsschwäche läßt aber auch den parasitären Handlungen von sogenannten Geschäftspartnern, öffentlichen Organen und den Mitarbeitern Tür und Tor offen, was den Weg nach unten nur beschleunigt. Von Anbeginn aber sind die Parasiten, hier die (R)Unternehmer genannt, eifrig dabei, sich an den Früchten satt zu fressen.

Den Bemühungen einiger unverzagter loyaler Mitarbeiter und eines externen Beraters gelingt es schließlich, die Unternehmenssituation im letzten Moment zum Besseren zu wenden und die Hoffnung zu rechtfertigen, daß die eintretende Trendwende schließlich wieder eine positive Entwicklung erwarten läßt.

Die einzelnen Geschehnisse sind aus dem Erlebnisrepertoire des Autors in seiner Funktion als Unternehmensberater mit mehr als 30jähriger Berufspraxis und fast 50 Jahren Erfahrung als Unternehmer und Unternehmensführer zusammengetragen und auf tatsächlich erlebten Begebenheiten basierend. Aus verständlichen Gründen wurde die Identität der Personen und Unternehmungen verfälscht.

Format 120 x 190 mm • 250 Seiten • Klebebindung

ISBN 3-901 975-14-4 • € 21,90

Horoskopanalysen

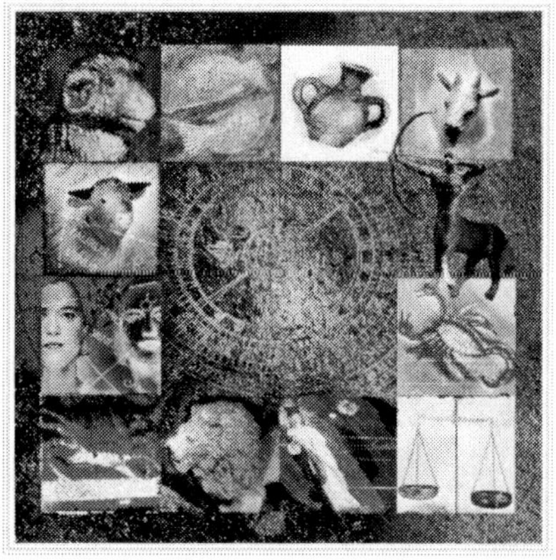

Alle Analysetexte werden individuell für Sie erstellt.

Bei Bestellung bitte unbedingt Geburtsort, Geburtszeit und Geburtsdatum angeben (Name und Adresse nicht vergessen).

Persönlichkeit

Individualität und Selbstausdruck, Gefühle und Bedürfnisse, Ausdruck und Kommunikation, Beziehungsfähigkeit und Durchsetzungskraft, Entwicklungspotential, Beruf und Lebensziel, Lebensaufgabe und Transformation. Umfang 30 bis 45 Seiten.

Langtext € 10,90 • erhältlich auch als Kurztext € 4,36

Partnerschaft

Gefühlsebene, Verständigungsebene, gegenseitige Anziehung, Harmonie und Auseinandersetzung, Individualität und schöpferischer Selbstausdruck, Entwicklungspotential und Verantwortung. Umfang 35 bis 40 Seiten.

Langtext € 10,90 • erhältlich auch als Kurztext € 4,36

Zukunft

Kommunikation und Kontaktverhalten, Durchsetzung und Neubeginn, Ausdehnung der Entfaltungsmöglichkeiten, Widerstände und Erkennen des Wesentlichen, Umbrüche und Befreiung von Einschränkungen, Auflösung von Grenzen und Illusionen, Tiefgreifende Wandlung der Persönlichkeit.

Umfang ca. 40 bis 60 Seiten • € 10,90

Prognose

Wesen der Transite, Auswirkungen auf Wahrnehmung, äußeres und inneres Verhalten sowie emotionale Disposition des betroffenen Menschen bzw. der Generation, günstige/ungünstige Handlungszeitpunkte.

Umfang 30 bis 60 Seiten • € 10,90

Liebe / Sexualität

Liebesverhalten, Art sexueller Vorlieben, Beziehungsfähigkeit, bewußte Vorstellungen und unbewußtes Empfinden von Attraktivität, Stellenwert von Sexualität, Wünsche und Macht, Quelle und Ausprägung der (Lebens-)Lust.

Umfang bis 35 Seiten • € 10,90

Lebensplan / Karma

Wahlfreiheit und Kreativität, Glaubenssysteme, Verantwortung, Umbruch und Befreiung, Entschleierung und Vision, Macht und Transformation. Mitgebrachtes, altes Verhalten wird mit neuem, zu erlernendem kontrastiert.

Umfang 30 bis 40 Seiten • € 10,90

Fitness

Sportlicher Ratgeber mit Gesundheitstraining, Fithalteübungen und Visualisierungsübungen, Farben, Aura- und Chakrenheilung, Aromatherapie, Edelsteintherapie, Aura Soma Therapie, Homöopathie, Bachblütenempfehlungen, Affirmationsübungen.

Umfang bis 50 Seiten • € 10,90

Beruf

Berufliche Ziele, Bedürfnisse u. Herausforderungen, Talente, Gebiete des Erfolgs, Verantwortung, Entwicklung zur Autorität, Entscheidungs- u. Handlungskraft, Partnerschaftlichkeit und Anpassung.

Umfang 35 bis 40 Seiten • € 10,90

Gesundheit

Psychologisch-astrologische Entsprechungen von Krankheiten, mögliche Krankheitsbilder, psychologische Ursachen der Beschwerden, Möglichkeiten der Einflußnahme auf bestehende Krankheiten, Hinweise zur Vorbeugung und Vermeidung.

Umfang ca. 30 Seiten • € 10,90

Kind

Mutter-Kind-Beziehung und Gefühl, Vater-Kind-Beziehung und Wille, Lebensgrundgefühl, Denkweisen, intellekt. Disposition, Beziehungsfähigkeit, Sexualtrieb, globales und soziales Denken, Glücksfähigkeit, Realitätsbezug, Wandlungsfähigkeit.

Umfang 40 bis 50 Seiten • € 10,90

Fax-Bestellung an den SSE-Verlag

+43-1-689 75 66-29

JA, ich (wir) bestelle(n)
(Zutreffendes bitte ankreuzen):

❑ ...... Stück ....

❑ ...... Stück ....

❑ ...... Stück ....

❑ ...... Stück ....

❑ ...... Stück ....

❑ ...... Stück ....

❑ ...... Stück ....

❑ ...... Stück ....

Wir liefern zu unseren Allgemeinen Geschäftsbedingungen und unter Eigentumsvorbehalt; die Preise sind Endverbraucherpreise und verstehen sich inklusive MWSt., abzüglich des jeweiligen Rabattes (gilt nur für den Buchhandel), zuzüglich Versand- und Portospesen. Mit dieser Bestellung akzeptieren Sie die auf unseren Rechnungen angeführten Liefer- und Zahlungsbedingungen.

Name: ______________________________

Ansprechpartner: ______________________________

Adresse: ______________________________

Tel. & Fax: ______________________________

Datum und Unterschrift: ______________________________

The Channel • Auflage 7/2003

Email: solaris@telecom.at • www.telecom.at/solaris

Die SOLARIS Spirituelle Edition u. d. SOLARIS Sonder Editionen sind Divisionen von LAST & CO • A-1100 Wien • Ober-Laaer Str. 78 • Tel +43-1-689 75 66

SSE

bitte hier abtrennen und einsenden oder faxen